Wolfgang Gramer

Worte zum Leben

Wolfgang Gramer

Worte zum Leben

101 Impulse

Fromm Verlag

Imprint
Any brand names and product names mentioned in this book are subject to trademark, brand or patent protection and are trademarks or registered trademarks of their respective holders. The use of brand names, product names, common names, trade names, product descriptions etc. even without a particular marking in this work is in no way to be construed to mean that such names may be regarded as unrestricted in respect of trademark and brand protection legislation and could thus be used by anyone.

Publisher:
Fromm Verlag
is a trademark of
International Book Market Service Ltd., member of OmniScriptum Publishing Group
17 Meldrum Street, Beau Bassin 71504, Mauritius

Printed at: see last page
ISBN: 978-613-8-35472-7

Inhaltsverzeichnis

Vertrauen

Wie wichtig Vertrauen ist, das ist mir leibhaftig bewusst geworden, als ich einmal in die Luft ging – im wahrsten Sinn des Wortes. Ich durfte mit zwei Piloten in einer 4-sitzigen Cessna mitfliegen. Schritt für Schritt trägt da das Vertrauen. Das beginnt bei der Meteorologin. Sie gibt mit ihrem Wetterbericht an, wo man's wagen kann hinzufliegen und wo nicht. Für so eine kleine Maschine kann eine Gewitterwolke bedrohlich sein.

So konnten wir nicht wie geplant ins Tessin fliegen, wir entschieden uns für Tirol. Dann hat uns der Fluglotse selbst durch dicke Wolken geleitet, wo man nichts sieht. Natürlich geht's über Funk und Elektronik. Aber von der Aufmerksamkeit des Lotsen hängt doch viel ab. Was wäre gewesen, hätte er uns beim Rückflug in der Nähe von Ulm nicht von Stuttgart aus vor Fallschirmspringern gewarnt, die dort in der Gegend übten.

Kurz vor der Landung in Stuttgart mussten wir zuerst kreisen und dann sozusagen zwischen zwei Verkehrsmaschinen hineinspringen. Nach dem Aufsetzen war die Piste schnell zu verlassen, um wieder Platz zu machen. Dass alles geklappt hat, verdanken wir, nebst dem lieben Gott, dem Lotsen. Nicht zu vergessen das Bodenpersonal, das im Hintergrund arbeitet. Natürlich kann man sagen: „Die verdienen alle ihr Geld“. Aber ich hab Respekt bekommen vor all diesen Menschen, die mir so ein Gefühl des Vertrauens gaben.

Entscheidend ist auch, dass die Piloten sich menschlich so gut verstehen wie meine zwei. Ihr Augenmaß, ihr schneller Entschluss, wie wir eine plötzliche Wetterfront am besten umfliegen oder von welcher Seite aus wir die Berge nehmen, das alles ist entscheidend. Trotzdem hab ich aufgeatmet, als wir aus unserem Flugzeugle stiegen. Ich empfand Dankbarkeit und habe gemerkt, wie schön es ist, dass wir Menschen einander vertrauen können und wie viel von diesem Vertrauen abhängt.

Das ist ja auch im alltäglichen Leben so. Schon das kleine Kind braucht Vertrauen, dass es sich entfalten kann.

Natürlich kann Vertrauen auch enttäuscht werden. Wenn dann bei einem Konflikt mit Drohung agiert wird, wächst kein Vertrauen. Im Gegenteil: es entstehen Angst und Wut, und beide vergiften die Atmosphäre.
Oder wenn jemand mich enttäuscht, auf den ich gesetzt habe. Vielleicht macht er irgendwo bloß eine abfällige Bemerkung über mich. Ich höre davon und schon bin ich sauer.

Oder ich enttäusche jemand. Er hat sich Hilfe von mir erhofft, und ich habe sie nicht gegeben. Vielleicht hab ich's gar nicht gemerkt. Jetzt ist er enttäuscht von mir und ich spüre: da liegt etwas zwischen uns. Es braucht Zeit, bis das aus dem Weg geräumt ist, und manchmal geht's einfach nicht mehr.

Trotzdem brauchen wir Vertrauen, auch wenn manche sagen: Kontrolle sei besser. Ich bin fürs Vertrauen, nicht bloß beim Fliegen. Wo wir einander vertrauen, auch wenn's mal eine Enttäuschung gab, dort wird unser Leben menschlicher – und das möchte ich uns allen wünschen.

Die kleine Lok

Ich habe eine elektrische Eisenbahn. Meine kleinste Lok ist 65 Jahre alt. Als Kind hab ich sie im Schaufenster angestaunt – sehnsüchtig. Sie kostete damals 16 Mark. Für mich unerschwinglich.
Dann kamen die Weihnachtsferien; ich durfte zu Onkel und Tante. Am ersten Abend packte der Onkel ein paar Schachteln aus: da kamen Gleise zum Vorschein, zwei Wagen, ein Transformator und – meine kleine Lok. Ich war selig. Immer wenn ich bei den Beiden in Ferien war, durfte ich die Eisenbahn auspacken und aufbauen. Später bekam ich dann die ganze Anlage geschenkt. Sie wurde größer, ich schenkte sie meinem Neffen. Irgendwann fragte er mich, ob ich sie wieder haben wolle. Seither begleitet sie mich. Wenn Besuch im Pfarrhaus ist, freuen sich nicht nur Kinder und drücken die Knöpfe für Signale und Weichen. Auch Erwachsene fasziniert die elektrische Eisenbahn. Inzwischen sind es 11 Lokomotiven geworden. Aber die kleine Lok hat immer noch denselben Zauber wie vor 65 Jahren.

Für mich ist sie zu einem Symbol geworden. Ich denke dankbar an manche Menschen, die in meinem Leben zu einer kleinen Lokomotive für mich geworden sind. Sie haben mich in verschiedenen Situationen begleitet: manchmal ging's über Abgründe, manchmal durch einen Tunnel, manchmal halfen sie mir die Weiche richtig zu stellen. Gelegentlich konnten wir auch zusammen das Signal auf grün stellen. Wir brachten so miteinander den Zug zum Fahren.

Ich weiß auch, dass es in meiner Gemeinde solche kleinen Loks gibt. Natürlich fährt der ICE schneller und fasziniert. Aber ich schätze sehr die kleinen unscheinbaren Menschen. Keine Zeitung berichtet über sie, kein Fernsehen, sie stehen nicht im Rampenlicht; aber gerade sie verkörpern eine Form von Menschlichkeit, für die ich einfach dankbar bin.

Vielleicht denken wir mal darüber nach, wer für uns so eine kleine Lok geworden ist. Dann wäre es schön, wenn wir es dem betreffenden Menschen auch sagen – vielleicht gleich morgen. Das ist dann wie ein kleiner Sonnenstrahl; er macht unsere Welt einfach heller und freundlicher.
Er löst weder die politischen Probleme noch die Schwierigkeiten in der Gesellschaft, wovon wir in den Nachrichten hören. Aber es wird uns a bissle wärmer ums Herz – und das ist doch unendlich viel.

Gott – Vater oder Mutter?

Manche stoßen sich daran, dass wir Gott „Vater“ nennen, vor allem wenn sie eine schlechte Erfahrung mit ihrem eigenen Vater gemacht haben. Sie möchten zu Gott lieber „Mutter“ sagen. Ist das so unmöglich? Wäre Jesus in einer matriarchalischen Gesellschaft groß geworden, hätte er seine Jüngerinnen und Jünger wohl „Mutter unser“ beten gelehrt statt „Vater unser“.
Auch Johannes Paul I., der nur 33 Tage Papst war, sagte einmal: „Gott ist viel eher Mutter als Vater.“ Ist Gott also eher weiblich als männlich? Was sagt denn dazu die Bibel?
Im 1. Johannesbrief steht: „Gott ist die Liebe.“ Liebe aber umfasst alles: Männliches wie Weibliches, Mütterliches wie Väterliches. Weil aber Gott Liebe ist, schafft sie eine Beziehung, eine Beziehung von ihm zu mir. Deshalb sage ich zu Gott am liebsten einfach jenes Wort, das für mich das schönste überhaupt ist: „Du“.

Freilich sprechen manche lieber von einem „Es“, einem höheren Wesen oder einer Kraft in der Natur. Wieder andere können mit dem Wort Gott gar nichts mehr anfangen. Was sind die Gründe?

Vielleicht sind sie enttäuscht worden; Gott hat ihnen nicht so geholfen, wie sie es erwartet haben.
Oder man hat ihnen in der Kindheit mit dem Wort Gott gedroht: „Der liebe Gott sieht alles." Dazu eine kleine Geschichte: Ein Pfarrer ärgert sich, dass die Kinder Äpfel von seinem Baum klauen, der im Pfarrgarten steht. Eines Tages hängt er ein Schild an den Baum. Darauf steht: „Der liebe Gott sieht alles." Am nächsten Tag sieht er, wie jemand darunter gekritzelt hat: „Aber er verrät uns nicht:" Genau, weil er die Liebe ist.

Deshalb bin ich froh, dass ich zu diesem Gott Du sagen darf – ohne Angst. In dieses Du kann ich alles hineinlegen, was mich bewegt, was mein Leben schön macht, wenn ich zB. in den Bergen die Skipiste hinabwedle oder die Leute sich freuen, wenn ich ihnen im Pfarrhaus ein Mozart-Konzert spiele. Ich kann aber diesem Du auch das anvertrauen, was mein Leben schwer macht, wenn ich zB. lese, dass in Zambia 1 Million Kinder Aidswaisen sind. Oder ich höre, dass mein Nachbar jetzt doch einen bösartigen Tumor hat.
Wenn ich nun mit dem Du Gottes darüber spreche, löst sich kein Problem damit. Aber ich spüre eine tiefe Geborgenheit – selbst dort, wo ich mich ohnmächtig fühle etwas zu ändern.
Gerade dann ermutigt mich das Du Gottes, in jedem menschlichen Gesicht sein Abbild zu entdecken, ob mir der andere sympathisch ist oder nicht. Und wenn ich mich mit ihm zerstritten habe, suche ich einen Weg zu seinem Du, auch wenn es nicht gleich gelingt. Vielleicht muss ich erst meine eigene Enttäuschung verarbeiten oder meinen Ärger loswerden.
Aber dann kann ich mich aufmachen, hinter der Fassade des andern jenes Du zu erkennen, das sich genauso wie ich danach sehnt, geliebt zu werden.

Lied zur Trauung

„Ich will dich so, so wie du bist.“ So beginnt ein Lied, das ich gern bei einer Trauung singe. „Ich will dich so, so wie du bist, mit dem Gesicht, das du mir zeigst, denn ich weiß jedes Mal, das bist du.“ Ein Liebeslied!
Ein Liebeslied ist immer etwas Schönes. Mir gefällt an diesem Lied besonders, dass es nicht nur vom Gefühl schwärmt. Es spricht vom Willen: ich will dich so, so wie du bist. Eine klare Absicht!
Sie gilt auch, wenn das Gefühl nicht mehr himmelhoch jauchzend ist, wenn sich alles etwas eingespielt hat. Natürlich wächst da die Gefahr der Routine. Wo beide in der Routine erstarren, ist der Bruch nahe. Darum will Liebe gepflegt sein.

Ich finde es schade, wenn ein Partner den Hochzeitstag vergisst. Besonders Männer sind da in Gefahr, wie ich höre. Umso schöner, wenn sie ihrer Frau an diesem Tag Blumen schenken oder eine andere Aufmerksamkeit.
Auch kann der Jahrestag der Hochzeit ein guter Anlass sein, Rückblick zu halten: Wie ist es mit uns gelaufen? Was war gut? Was war nicht so gut? Was bedarf dringend der Verbesserung? Ebenso hilfreich ist der Vorausblick: Was wollen wir angehen? Wo möchten wir einen Akzent setzen? Was könnte uns gut tun? Liebe will gepflegt sein, das Feuer braucht neues Holz, sonst erlischt es.

Freilich lauert bei jeder Liebe eine Gefahr – nämlich die Gefahr, sich vom andern ein Bild zu machen. Deshalb sagt das Hochzeitslied: „Auch wenn du oft ganz anders bist als ich mir vorgestellt.“ Immer machen wir uns ein Bild vom andern und wir möchten, dass er sich so verhält, wie wir’s uns ausgedacht haben. Dann gibt er sich anders und wir sind enttäuscht. Aber das Lied sagt ja nicht: „Ich will dich so, so wie ich will“, sondern: „so wie du bist“.

Das ist nicht leicht, den Partner so anzunehmen wie er ist. Aber ich spüre bei vielen Paaren, die ich kenne: es ist möglich. Auch wenn es manchmal donnert und kracht, danach klärt sich's wieder.

Besonders schön finde ich, was ich unlängst bei einer Goldenen Hochzeit in meiner Gemeinde erlebt habe. Die beiden sind noch genauso verliebt wie vor 50 Jahren. Das Feuerchen von damals knistert auch heute noch munter vor sich hin. Beide leben das, was das Lied in der letzten Strophe sagt: „Denn ich brauch dich mehr als die ganze Welt und meine große Liebe bist du." Als ich mir dann erzählen ließ, wie beide die 5 Jahrzehnte miteinander gemeistert hatten – mit Höhen und Tiefen, bekam ich großen Respekt, und ich sage das ganz bewusst als Unverheirateter. Es hat schon seinen Sinn zu sagen: „Ich will dich so, so wie du bist."
Wo zwei Menschen das miteinander erfahren haben, wird es zu einer Kraftquelle, die auch über den Tod hinaus besteht. Ich hab schon oft gemerkt, wie schwer es wird, wenn ein Partner stirbt und der andere dann allein dasteht. Er fühlt sich so, als ob er nur noch mit einem Bein durchs Leben gehen müsste.
Es braucht Zeit, bis er dann doch die Kraft spürt, die ihm der andere gibt, weil er ihm im Herzen nahe bleibt. Wo zwei Menschen sich so gewollt haben, wie sie sind, dort wird ihre Liebe zu einer Quelle, die auch über den Tod hinaus sprudelt.

Misereorsonntag - Teilen macht glücklich

Es gibt ein Wort in der Bibel, das mir keine Ruhe lässt. Es steht in der Bergpredigt Jesu und sagt: „Sammelt euch nicht Schätze hier auf der Erde, wo Motte und Wurm sie zerstören und wo Diebe einbrechen und sie stehlen, sondern sammelt euch Schätze im Himmel, wo weder Motte noch Wurm sie zerstören und keine Diebe einbrechen und sie stehlen. Denn wo dein Schatz ist, wird auch dein Herz sein." Was sind solche Schätze, die weder Motte noch Wurm zerstören?

Für mich sind die wichtigsten Schätze: Gemeinschaft und Miteinander teilen. Eine gute Gemeinschaft gibt es nur dort, wo der Geist des Teilens herrscht.
Herrscht dieser Geist in unserer Welt? Bei Katastrophen zeigt sich oft eine überwältigende Hilfsbereitschaft. Aber es ist doch ein Skandal, dass täglich 24 000 Kinder auf der Welt an Hunger sterben, obwohl es genug Nahrungsmittel gibt. Da stimmt es doch mit dem Teilen überhaupt nicht.
Natürlich fällt es nicht immer leicht zu teilen. Als Kinder haben wir uns schwer getan, eine Tafel Schokolade mit andern zu teilen. Aber meine Mutter hat darauf Wert gelegt. Sie hat es uns selbst vorgelebt. Heute bin ich ihr dankbar dafür. Sie hat so das Bewusstsein für das Miteinander in der Welt geschärft.

Daran erinnert der Misereorsonntag. Sein Motto: „Teilen verbindet. Gemeinsam gegen Krankheit in der Welt." Da ist z.B. Odette. Sie lebt mit ihrer Familie im Norden Kameruns. Ein abgelegenes Dorf! Wenn es regnet, sind die Wege unpassierbar. Das Krankenhaus ist weit entfernt. Odette sorgt sich um ihr Kind. Liebevoll schmiegt sie ihren Kopf an ihren Sohn Blaise. Er hat Malaria. Sein fiebriger Kinderblick geht ins Leere. Wird er den nächsten Fieberschub überstehen? Alle 30 sec stirbt in Afrika ein Kind an Malaria.
Um Blaise und seinen vielen Leidensgenossen zu helfen, unterstützt das kirchliche Hilfswerk Misereor die dortige Diözese beim Aufbau eines Gesundheitswesens. So werden in den Dörfern ehrenamtliche Helfer ausgebildet und kleine Gesundheitsstationen eingerichtet. Denn Odette und ihr Sohn brauchen Hilfe in ihrer nächsten Nähe.

Nun sagen manche Leute: „Ich möchte lieber einem Einzelnen spenden als einem Hilfswerk." Ich verstehe das, aber ich habe da eine wichtige Erfahrung gemacht. Ich habe als Pfarrer 7 Jahre im argentinischen Busch gelebt. Wenn ich auf Heimaturlaub war, hat mir manchmal jemand einen Geldschein in die Hand gedrückt und gesagt: „Geben Sie den einer armen Familie; bei Ihnen weiß ich, dass er direkt ankommt." Ich habe dann gesagt: „Wenn ich das Geld morgen einer Familie gebe, stehen übermorgen zehn Familien vor meiner Tür und betteln. So helfe ich niemand – im Gegenteil. Aber ich nehme das Geld gern für die Schule, die ich gebaut habe. Dann kommt es allen zugute."

Deshalb braucht es Werke wie Misereor und Brot für die Welt. Sie unterstützen Programme zur Entwicklung in armen Ländern. Sie helfen mit, menschlichere Strukturen aufzubauen. Das übersteigt weit die Kräfte einzelner. Das erfordert gemeinsame Anstrengungen. Dann können Menschen dort sich selber helfen, weil sie von hier unterstützt werden und verfallen nicht in die Mentalität des Bettelns. Sie erfahren Hilfe zur Selbsthilfe, und wir hier spenden nicht nur aus unserem Überfluss. Stattdessen können wir teilen und sammeln so einen Schatz, den wirklich keine Motte und kein Wurm zerstören.
Odette braucht unsre Solidarität – und viele andere brauchen sie. Lassen wir sie nicht hängen!

Ein Kind stirbt

Ein 4jähriges Kind stirbt. Die Ärzte haben die Sorge der Mutter nicht ernst genommen. Wahrscheinlich meinten sie, die Mutter sei überbesorgt, hysterisch. Darum lehnten sie ihren Wunsch nach einer Computertomographie ab. Dann war es zu spät, der kleine Junge musste sterben.
Jetzt trauern wir um ihn. Bei seiner Beerdigung musste nicht nur seine Familie mit den drei andern Geschwistern schluchzen, auch ich und viele andere. Wir alle haben uns so furchtbar hilflos gefühlt. Hätten die Ärzte auf die Mutter gehört, wäre dieser frühe Tod wohl zu verhindern gewesen. „Anzeigen sollte man die", meinte der ältere Bruder wütend. Ich verstand ihn, auch wenn ich weiß, dass Ärzte wie wir alle vor Irrtum nicht gefeit sind; und dann geht auch einem Arzt ein solches Kind nicht mehr aus dem Kopf und er fragt sich: Warum habe ich nicht auf die Mutter gehört?

Und sie, die Mutter, der Vater? Ich weiß nicht, ob es für Eltern etwas Schlimmeres gibt als am Grab des eigenen Kindes zu stehen. „Wenn der Partner stirbt, geht er von der Seite. Stirbt das eigene Kind, wird es einem aus dem Herzen gerissen.“ So sagen Menschen, die schon beides erleben mussten.
Der Tod des kleinen Jungen hat auch mich tief getroffen. Ich bin zwar überzeugt, dass er jetzt bei Gott ist wie all unsere Verstorbenen. Aber manche Menschen trifft es schon sehr, sehr hart, und alle Erklärungsversuche wirken schal und leer.

Ich kann nicht anders als mitleiden und mitfühlen, aber ich spüre auch, wie diese Erfahrung in meinem Innern streitet mit einer anderen, die ich im argentinischen Busch gemacht habe. Auch dort musste ich Kinder beerdigen, weil sie zu früh geboren wurden und kein Brutkasten da war oder weil sie durch irgendeine Nachlässigkeit der Umwelt gestorben waren.
Was mich dann anfangs sehr verwundert hat, war, dass die Leute sagten: Ahora tenemos un angelito – jetzt haben wir einen kleinen Engel. Natürlich haben sie genauso geweint und geschluchzt, oft noch viel heftiger als hierzulande. Die Menschen dort haben keine Scheu, ihren Schmerz wirklich herauszuschreien. Aber das Andere war auch da: „Jetzt haben wir einen kleinen Engel, der uns beschützt, der für uns da ist, der an unserer Seite geht. Wir sind nicht allein auf unserem Weg, sondern von ihm behütet.“

Ich konnte das anfangs gar nicht verstehen. Ich hatte das Gefühl, da wird über den Schmerz hinweggetröstet. Ich wollte sogar dagegen reden, bis mir eine betroffene Mutter sagte: „Wir weinen und wir wissen, unsere Tränen dürfen sein. Aber unser kleiner Engel wischt sie uns ab und sagt uns: ‚Ich bin bei euch, ich lasse euch nicht allein.‘ Er macht uns Mut zu unserem Leben und bittet uns besonders, dass wir uns für die Kinder einsetzen.“
Ich spürte, ihr Kind war für sie in neuer Weise lebendig geworden, nahe gekommen Sie hatte eine Brücke gefunden zu ihrem Kind. Sie wusste es lebendig bei Gott und darum wieder in ihrem Herzen. Sie

war auch gewiss, es einst wieder zu sehen für immer. Das gab der Mutter Kraft – bei allem Schmerz.
Ob das einer Mutter hier bei uns auch Kraft geben könnte? Ich möchte es ihr jedenfalls von ganzem Herzen wünschen.

Der Schulderlass

Der manchmal so verträumte John Lennon sang einmal: „I hope some day you'll join us, and the world will live as one" – ‚Ich hoffe, eines Tages wirst du dich uns anschließen und die Welt wird als eine leben.'
Er hat das nicht mehr erlebt. Vermutlich werden wir das auch nicht erleben. Aber es ist ein Traum, für den kein Geringerer als Jesus von Nazareth sein Leben gab. In seiner Nachfolge haben seither viele Menschen bewusst oder unbewusst diesen Traum weitererzählt.
Was sich heute am 2. Juli 2005 von London bis Rom, von Philadelphia bis Tokio ereignet, hat auch etwas von diesem Traum an sich. „Live 8" heißt das vom Popmusiker Bob Geldof initiierte Großereignis, bei dem heute in 8 Weltstädten Rockkonzerte stattfinden. Bei diesen Konzerten geht es im Vorfeld des G-8-Treffens um politische Unterstützung für den Kampf gegen Armut und Hunger. Nächste Woche werden die politischen Führer der G-8-Länder in Schottland einen Schuldenerlass für arme Länder beschließen. Aus diesem Anlass haben die beiden Kardinäle Großbritanniens, O'Connor aus England und O'Brian aus Schottland, zu einer Kundgebung heute nach Edinburgh eingeladen, zu einer großen Demonstration gegen die Armut im Vorfeld des schottischen Gipfels.

Armut ist nicht gottgewollt. Im alten Israel wurden regelmäßig Schulden erlassen. Propheten wie Amos und Jesaia kritisierten damals die Ungleichheit zwischen arm und reich ebenso wie die lateinamerikanischen Befreiungstheologen unserer Zeit. Der

Londoner Kardinal O'Connor hat darum eine klare Botschaft: „Make poverty history"- macht die Armut zu Geschichte und „Befreit ein für alle Mal eure Brüder und Schwestern." Ist das auch nur ein Traum? Wir sehen, wie viele Länder in der Welt sich schwer tun, gerechtere und menschlichere Strukturen aufzubauen. Da ist Korruption im Spiel, der eigene Clan wird begünstigt, der Kampf um Macht und Geld zerstört viel. Manche haben deshalb Sorge, ob der Schuldenerlass wirklich weiterhilft.

Aber wir müssen auch sehen, dass viele Länder ihre ursprünglichen Schulden längst gezahlt haben, aber durch Zins und Zinseszins nicht aus der Verschuldung herauskommen. Andere stöhnen heute unter der Last von Krediten, die von den Gläubigern in der Vergangenheit ohne Bedenken an skrupellose Diktatoren ausgezahlt wurden. Diese Länder sind immer noch wie angekettet.
Darum will die Erlassjahr-Kampagne diese Kette sprengen. Sie ist ein Bündnis, dem allein in Deutschland 900 Organisationen angehören: darunter viele kirchliche Gruppen, Hilfswerke wie Misereor und Brot für die Welt, auch ganze Landeskirchen und Bistümer. Die Bewegung will erreichen, dass die verschuldeten Länder des Südens die Chance auf einen Neuanfang bekommen und so aus der Verkettung herausfinden. Dann können die Mittel für Bildung, Gesundheit und wirtschaftliche Entwicklung eingesetzt werden, wie es der Präsident von Tanzania in einer Dankbotschaft gerade aufgezeigt hat.
Wir Deutsche sollten auch nicht vergessen, dass vor 52 Jahren die noch junge Bundesrepublik die Hälfte ihrer Schulden erlassen bekam. Das war damals erheblich mehr, als heute den ärmsten Ländern zugestanden wird. So wie der Glaube Berge versetzen kann, können Gläubiger Schuldenberge versetzen. Zwar haben die G-8-Länder Schuldenerlasse angekündigt, aber nur für ein paar Länder und längst nicht bei allen Banken. Immerhin ist das ein Anfang, ein erster kleiner Schritt.
Die heutigen Konzerte wollen Ohren und Herzen bewegen, dass der Traum der einen Menschheit doch der Wirklichkeit näher kommt, so wie der brasilianische Erzbischof Dom Helder Camara

einmal sagte: „Wenn einer träumt, bleibt er allein; träumen zwei, ist das der Anfang einer neuen Wirklichkeit."

Warum?

Das Plakat: Ein unbekannter Vater, ein unbekanntes Kind. Ängstlich hält es sich an ihm fest. Werden beide den anbrechenden Winter überstehen? Erschreckend hat die Natur in Pakistan ihre Zerstörungskraft gezeigt. 4 Millionen Menschen sind obdachlos, und die erste Kältewelle ist bereits da. 1 ½ Millionen Kinder sind von der Katastrophe betroffen. Kinder trifft es immer am schlimmsten. Gleichzeitig sind in vielen Ländern große Hilfsaktionen angelaufen. Auch Indien wollte gleich helfen, Pakistan hat zunächst abgelehnt. Jetzt nimmt es doch die Hilfe aus dem verfeindeten Nachbarland an. Der Kaschmirkonflikt spaltet zwei Länder, die vom gleichen geologischen Problem betroffen sind. Die Geologen sagen neue Beben in dieser Region voraus.

Aber es ist ja nicht nur diese Katastrophe. Die Hurrikans Katrina und Rita sind noch vor unseren Augen, jetzt hat der Hurrikan Stan Mittelamerika in Wassermassen versinken lassen. Immer wieder kommen neue Unglücksmeldungen von Mexiko bis Guatemala. Verzweifelte Menschen trauern um getötete und vermisste Angehörige. Und wer könnte den Tsunami vom 2. Weihnachtstag des letzten Jahres mit seinen 225 000 Toten vergessen?

Warum lässt Gott das zu? So fragen manche. In Pakistan wissen einige religiöse Führer genau, warum das Erdbeben geschah: „Es ist die Strafe für die Missachtung Allahs." Auch Christen sagen manchmal: „Das ist die Strafe Gottes!" Haben sie Recht? So sehr der strafende Gott im Alten Testament auch auftaucht, so wenig erscheint er in der Botschaft Jesu. Der Gott der Liebe will nicht Menschen strafen. Im Gegenteil: Gerade in der allergrößten Not lässt er uns Menschen nicht allein. Er spornt uns vielmehr an, uns gegenseitig beizustehen, auch dort wo wir sprachlos sind.

Manches können wir erklären. Das Erdbeben in Pakistan lässt sich naturwissenschaftlich erklären. Die gewaltsame Abschiebung der

Flüchtlinge aus Marokko, auch eine Katastrophe, aber eine menschliche, lässt sich ebenfalls erklären, sie hat politische Gründe. Zäune und Mauern werden von Menschen gebaut, sie sind nicht der Wille Gottes, Kriege genau so wenig, und wo Menschen die Natur ausbeuten, brauchen sie sich nicht zu wundern, wenn diese sich eines Tages rächt.
Auch das Zugunglück, bei dem vor kurzem ein neunjähriger Junge aus meiner Nachbargemeinde starb, lässt sich erklären. Daran ist nicht der liebe Gott schuld, sondern menschliches Versagen. Trotzdem fragen die Betroffenen: Warum? Und wir alle spüren unsere Hilflosigkeit. Oder leben wir morgen so weiter wie bisher, wenn die Bilder des Schreckens verblasst sind?

Gott hat uns einen unruhigen Planeten anvertraut, und er hat uns die Freiheit gelassen, sorgsam oder räuberisch mit ihm umzugehen. Eines hat er uns aber auch anvertraut – in aller Rätselhaftigkeit des Lebens: einen Menschen, der solidarisch mit uns war bis zum Tod. Auch er hat sich verlassen gefühlt, als er am Kreuz sein Warum in unsere Welt hinaus rief. Aber er hat auch sagen können: „Vater, in deine Hände lege ich meinen Geist." Das war keine Antwort auf das Warum, aber ein Weg, der in aller Dunkelheit um etwas Bergendes weiß und der uns solidarisch macht mit den Leidenden. Wo wir keine Antwort für sie wissen, bleiben unser ansprechbares Herz und unsere helfende Hand.

Ein stiller Held

Im Oktober 2005 wurde in Rom der „Löwe von Münster" selig gesprochen. Er, Kardinal von Galen, hatte in der NS-Zeit gegen die Rassenideologie der Nazis öffentlich gepredigt und insbesondere den Mord an geistig kranken Menschen angeprangert. Seine Worte waren prophetisch eindeutig und klar. Reichsleiter Bohrmann schlug deshalb Hitler vor, den Bischof von Münster zu verhaften und zu erhängen. Hitler lehnte ab, ließ aber dafür als Rache 37 Geistliche aus der Diözese Münster ins KZ bringen. 10 von ihnen kamen darin um. Dies schmerzte den Bischof sehr. Im März 1946 starb er. Heute noch wird er weit über das Bistum Münster hinaus verehrt.

Dagegen ist derjenige kaum bekannt, den die Nazis ebenfalls auf dem Gewissen haben und der um seines Gewissens willen umkam. Zu seinem Gedenken wird jedes Jahr im württembergischen Bad Saulgau ein Gottesdienst gehalten: Josef Ruf. Ich möchte ihn einen stillen Helden nennen. Warum? Als fünftes von 7 Geschwistern wuchs er in einfachen Verhältnissen auf. Der Vater arbeitete bei der Eisenbahn. Josef wurde Schneidergeselle, war dann 8 Jahre lang Franziskanerbruder und trat dann in die Christkönigsgesellschaft ein, eine pazifistische religiöse Bewegung, deren Gründer Max Josef Metzger ebenfalls unter Hitler hingerichtet wurde.

Josef Ruf wurde mit seinem Freund Michael Lerpscher 1940 zur Wehrmacht einberufen. Zwar war er ein guter Schütze, erkannte aber die verbrecherische Kriegsabsicht Hitlers. Prompt verweigerte er den Fahneneid auf Hitler. Sofort wurde er mit seinem Freund inhaftiert. An seine Schwester Maria schrieb er: „Ich kann den Waffendienst mit der Lehre Christi einfach nicht vereinbaren und fühle mich verpflichtet, unter allen Umständen auch danach zu handeln." Auch sein Bruder, der SA-Mann war, konnte ihn von seinem Entschluss nicht abbringen. Am 10. Oktober 1940 wurde er durch das Fallbeil hingerichtet – 35jährig –einer der ersten Kriegsdienstverweigerer.

Damals war das für viele eine Schande. Sein Bruder betrachtete ihn als Opfer eines religiös-kirchlichen Wahns. Heute müssen Wehrdienstverweigerer nicht mehr mit Schande rechnen. Seit 1984 ist ja auch die umstrittene Gewissensprüfung abgeschafft. Obwohl ich lange Jahre Beistand für Wehrdienstverweigerer war und in mancher Verhandlung mit ihnen gelitten habe, frage ich mich doch, ob der Dienst mit der Waffe im Kriegsfall nicht zu selbstverständlich geworden ist, zu wenig hinterfragt, zumal die modernen Waffen ein Ausmaß von Zerstörung haben, das ans Unvorstellbare grenzt.

Ich möchte auch heute junge Menschen ermutigen, ihr Gewissen wirklich zu prüfen und sich zu fragen, ob sie sich für den Dienst an der Waffe entscheiden können oder ob sie einen Zivildienst antreten. Ich achte jede Gewissensentscheidung, aber der Stachel eines Josef Ruf ist auch wichtig im Fleisch derer, die mit dem Krieg kalkulieren. Und er sollte alle die schmerzen, die am Krieg oder dessen Vorbereitung verdienen, z.B. an Rüstungsexporten. Die Vision des Propheten Jesaja gilt noch immer: „Dann schmieden sie aus ihren Schwertern Pflugscharen und aus ihren Lanzen Winzermesser...man übt nicht mehr für den Krieg." Der „stille Held" Josef Ruf steht für diese Vision.

Der Wert eines Menschen

„Haste was, dann biste was, haste nix, dann biste nix." Dieser Slogan macht mich nachdenklich. Wieso wird der Wert eines Menschen daran gemessen, ob er es materiell zu etwas gebracht hat? Ist das entscheidend?
Ich messe den Wert eines Menschen nicht an seiner Leistung, sondern an seinem Charakter. Ich denke dabei an Martin Luther King. In seiner berühmten Rede beim Marsch auf Washington sagte er: „I have a dream... ich habe einen Traum, dass meine vier kleinen Kinder in einer Nation leben werden, in der man sie nicht nach ihrer Hautfarbe beurteilen wird, sondern nach ihrem Charakter."

Nichts gegen Leistung! Wir brauchen Menschen in unserer Gesellschaft, die etwas leisten – jeder nach seinen Fähigkeiten. Aber ich bin dagegen, den Wert eines Menschen an seiner Leistung zu messen. Der Wert eines Menschen liegt in seinem Dasein. Wir alle haben unsern Wert in uns – einfach, weil wir da sind.

Manchmal fällt das schwer zu glauben. Eine Frau sagte mir: Sie könne es sich nicht verzeihen, dass sie aus ihrem Leben nicht das gemacht hätte, was ihren Fähigkeiten entsprochen hätte. Sie hätte sich einfach durchboxen sollen gegen die Männerwelt. Es gelang mir nicht, sie zu überzeugen, dass ihr Leben trotzdem sinnvoll sei.

Ich sehe darin auch eine Herausforderung an die Kirchen. Wir haben ein Zeichen, das an die Würde des Menschen erinnert – vor aller Leistung: das ist die Taufe, und zwar gerade die Taufe eines Säuglings. Es gab eine Zeit, da witterten viele in ihr eine Bevormundung. Auch heute möchten noch manche Eltern den Lebensweg ihres Kindes nicht festlegen. Sie plädieren deshalb für die Taufe des Jugendlichen oder Erwachsenen. Darüber lässt sich reden.

Aber für mich drückt gerade die Taufe eines Kleinkindes dies aus: dass Gott vor aller Leistung zu diesem Menschen steht – und das feiere ich gern mit Eltern, Paten und der Gemeinde. Das kleine Kind muss noch gar nichts tun, es darf alles, es darf schreien, schlafen, lächeln, weinen – alles ist ein Dürfen. So steht Gott in seiner Liebe zu uns Menschen. Alles ist ein Dürfen. Ist das nicht wunderbar?

Petrus und Paulus

Am 29. Juni feiert die katholische Kirche das Fest der Apostel Petrus und Paulus. Ein spannendes Fest! Zwar waren beide Missionare Jesu Christi, aber doch in ihrem Charakter sehr verschieden. Petrus war ein einfacher verheirateter Fischer am See Genesareth, als Jesus ihn in seine Nachfolge rief. Er wurde zum Sprecher der übrigen Apostel und Jesus gab ihm, der eigentlich Simon hieß, den Beinamen Petrus, der Fels. Deshalb beruft sich die katholische Kirche gern auf ihn, ist ihr doch das Petrusamt, das heute der Bischof von Rom, der Papst, innehat, sehr wichtig.

Paulus war ein gebildeter unverheirateter Pharisäer. Er wachte mit Feuereifer über das Gesetz Gottes. Deshalb verfolgte er alle Aufweichler, alle, die es in Frage stellten wie die Anhänger des

Jesus von Nazareth. Erst als er dem Auferstandenen selbst begegnete, änderte er sein Leben. Genau so glühend wie er früher die Christen verfolgt hatte, wurde er jetzt selber einer von ihnen. Was ihm aufgegangen war: dass der Mensch sich vor Gott nicht rechtfertigen muss durch seine Leistungen, sondern dass er so sein darf wie er ist. Deshalb beruft sich die evangelische Kirche gern auf ihn.

Petrus und Paulus – ein ökumenisches Fest! Zwei verschiedene Gestalten – und doch der eine Jesus Christus, dem beide gedient haben. Gilt das nicht auch für die Kirchen heute?
Manche sagen: „Ich brauch keine Ökumene, wir haben doch alle den gleichen Herrgott!“ Natürlich haben wir den. Gott sei Dank! Aber so sehr ich persönlich einen schwäbischen Eintopf mag, so sehr bin ich gegen Gleichmacherei in den Kirchen. Es ist doch schön, dass wir verschiedene Akzente haben: Katholiken betonen gern die Einheit der Weltkirche. Sie sehen die Verbundenheit mit dem Bischof von Rom als Zeichen der Einheit. Protestanten legen mehr Wert auf den Glauben des Einzelnen und seine persönliche Verantwortung vor Gott. Das kann Konflikte geben. Paulus musste auch einmal dem Petrus ins Angesicht widerstehen, weil er in einer Streitfrage sich zu schnell dem aktuellen Trend angepasst hatte. Wo Katholiken die Gemeinsamkeit betonen, legen Protestanten Wert auf den Einzelnen.

Brauchen wir nicht beides? Gemeinschaft ist immer in Gefahr, den Einzelnen zu vereinnahmen. Wo aber nur der Einzelne gesehen wird, ist die Zersplitterung nahe. So könnten katholische und evangelische Kirche sich gegenseitig korrigieren.
Für mich ist das wie bei einem guten Ehepaar. Auch da will der eine den andern nicht vereinnahmen, er lässt ihn gelten, wie er ist. Gleichzeitig interessiert er sich für das, was den andern bewegt. Jeder ist dankbar für das, was ihn selbst prägt, aber er freut sich auch am Reichtum des andern. Das bringt Spannung und bewahrt zugleich vor Langeweile.

Deshalb wünsche ich den Kirchen Freude am Eigenen und Interesse für den andern. Dann werden sie auch in den Punkten zusammenwachsen, wo wir noch mehr Gemeinsamkeit wünschen wie beim Mahl des Herrn oder der Frage des Petrusdienstes. Vor allem aber werden wir die Erfahrung einer tiefen Verbundenheit in dem einen Jesus Christus machen, nicht nur katholische und evangelische, sondern auch orthodoxe und andere Konfessionen. Jesus Christus beruft alle. Christen, gemeinsam lebendiges Zeugnis zu geben für die Menschlichkeit, die er gelebt hat und für jene bedingungslose Liebe Gottes, der er sein Leben opferte.

Die kleine Schraube

Eine kleine Schraube sitzt in einem riesigen Panzerschiff mit tausend anderen Schrauben und hält zwei Stahlplatten zusammen. Eines Tages sagt die Schraube: „Ich will es mir ein bisschen bequem machen; das ist ja meine eigene Sache und geht niemand etwas an!“

Aber als die anderen Schrauben hören, dass da eine etwas locker werden will, da protestieren sie und rufen: „Bist du verrückt? Wenn du herausfällst, dann wird es nicht lange dauern, bis auch wir herausfallen.“

Zwei größere eiserne Rippen schlagen auch Alarm: „Um Gottes willen, haltet die Platten zusammen, denn sonst ist es auch um uns geschehen.“

In Windeseile geht das Gerücht durch das ganze Schiff: „Die kleine Schraube hat was vor!“ Alles ist entsetzt. Der riesige Körper des Schiffes ächzt und bebt in allen Fugen. Und alle Rippen, Platten und Schrauben senden eine gemeinsame Botschaft an die kleine Schraube und bitten sie, nur ja an ihrer Stelle zu bleiben, sonst werde das ganze Schiff untergehen, und keiner werde den Hafen erreichen (*Willi Hoffsümmer, 255 Kurzgeschichten S.120)*

Mir gefällt an dieser Geschichte, dass sie so ermutigend ist. Fühlen wir uns nicht manchmal wie so eine kleine Schraube, die keine Bedeutung zu haben scheint? Wer sieht schon an einem riesigen glänzenden Schiff so eine kleine Schraube? Die Kommandobrücke, ja, die sieht man. Aber wer denkt an irgendeinen Maschinisten im Bauch des Schiffes?
Und doch könnten die, die das Schiff lenken, nichts fertig bringen, wenn es nicht die andern gäbe – alle, die an ihrem Platz ihren Dienst tun. Jeder braucht jeden. Das kleinste Rädchen meiner Uhr ist wichtig. Ich hab noch eine alte, keine digitale. Nehme ich das kleinste Rädchen heraus, funktioniert die ganze Uhr nicht mehr.

Trotzdem kann natürlich einer das Gefühl haben: „Ich bin zwar jetzt wichtig, aber ich bin halt doch leicht zu ersetzen.“ Sicher! Als Arbeitskraft bin ich zu ersetzen, aber nicht als Mensch. Wir sind alle einmalig.
Meist merken wir das erst, wenn ein lieber Freund stirbt und plötzlich sein vertrautes Lachen nicht mehr zu hören ist. Deswegen finde ich es gut, wenn wir einander immer wieder mal spüren lassen: „Du, es ist gut, dass du da bist.“ Wenn wir das heute noch zu jemand sagen, der grad bei uns ist oder es uns für morgen vornehmen, werden wir bestimmt auch unseres Lebens froher und schlafen heute Nacht besser.

Glaubenszweifel

Als Kind sagte man mir: „Du darfst am Glauben nicht zweifeln." Zuweilen hat mir das ziemlich zu schaffen gemacht, weil ich doch an manchem zweifelte, was man mir so erzählte. Später lernte ich, es sei sogar eine Sünde, am Glauben zu zweifeln. Das brachte mich fast zur Verzweiflung.
Erst als Student hörte ich dann, der Zweifel sei nicht Sünde, sondern sogar notwendig. Er helfe, tiefer nachzufragen und so den Glauben mehr zu begründen.

Dann stieß ich eines Tages auf den sogenannten ungläubigen Thomas. Seine Geschichte steht im Johannesevangelium (Joh 20,19-31). Sie wird in den katholischen Gottesdiensten am Sonntag nach Ostern, dem sogenannten Weißen Sonntag erzählt. Thomas ist der Apostel, der nicht an den auferstandenen Jesus glauben wollte. Der Tod Jesu hatte ihn und die andern Jüngerinnen und Jünger tief getroffen. Alle Hoffnung auf eine bessere Welt war zerbrochen. Jetzt erzählten ihm die andern, sie hätten den Auferstandenen gesehen. Das kann er nicht glauben. Er sagt: „Wenn ich nicht seine Wundmale berühre, glaube ich nicht."

Eine Woche nach Ostern sind die Jünger wieder zusammengekommen und Thomas ist bei ihnen. Der auferstandene Jesus begegnet ihnen und sagt zu Thomas: „Streck deinen Finger aus, hier sind meine Hände." Jesus tadelt den Thomas nicht, er erfüllt ihm seinen Wunsch, und dann bekennt Thomas: „Mein Herr und mein Gott!" Thomas ist alles andere als ungläubig. Er will nur sich selbst überzeugen. Er will nicht glauben, bloß weil ihm die andern etwas erzählen. Deshalb ist er mir sympathisch. Natürlich brauche ich auch den Impuls der andern. Hätten mir andere Menschen nicht von Jesus erzählt, wäre ich nicht auf ihn gekommen. Ich habe den Hinweis anderer gebraucht, mehr noch das Zeugnis ihres Lebens. Aber dann war es wichtig, dass ich mich selbst überzeuge.

Mein Glaube kommt zwar vom Hören auf andere, aber er will dann seine persönliche Prägung bekommen. Deshalb rebellieren junge Menschen immer wieder gegen die älteren. Das muss so sein, sonst gewinnen sie keine persönliche Glaubensüberzeugung. Dazu gehört auch der Zweifel. Er bewahrt mich vor blindem Glauben.
Wieviel Unheil hat blinder Glaube in der Geschichte der Menschen angerichtet! Ich denke an Ketzerverfolgungen, Kreuzzüge, Hexenverbrennungen. Ein schreckliches Beispiel für mich war auch Rudolf Höß. Er berief sich auf sein christlich geprägtes Gewissen, auf unbedingten blinden Gehorsam und war von 1940-43 Lagerleiter im KZ Auschwitz. Er ist Hitler blind nachgelaufen, hat dessen Befühle ausgeführt und sich auf seine christliche Erziehung berufen. Zahllose Menschen hat er vernichtet. Dazu hat ihn sein blinder Glaube geführt.

Umso dankbarer bin für Menschen, die eben nicht blind glauben, sondern mit offenen Augen wahrnehmen, was geschieht und entsprechend reagieren wie die Geschwister Scholl, der Theologe Dietrich Bonhoeffer, der Jesuitenpater Alfred Delp und viele andere Unbekannte. Ich bin auch heute noch meinem Vater dankbar. Obwohl er nur eine einfache Volksschulbildung hatte, spürte er, dass mit Hitler und den Nazis etwas nicht stimmte. Darum lief er ihnen nicht nach, sondern widerstand ihnen.
So braucht der Glaube den Zweifel, das Nachdenken, sonst verfällt er leicht einem Fanatismus, der am Ende über Leichen geht. Thomas bewahrt uns davor. Er will den Auferstandenen an den Wundmalen erkennen. So lädt er uns heute ein, mit den Wundmalen des Leibes Christi solidarisch zu werden, nämlich mit den Menschen, die leiden, denen das Recht auf ein menschenwürdiges Leben verwehrt wird. Thomas hilft uns, sensibel zu werden für sie und so ein Gespür füreinander zu entwickeln.

An diesem und an den folgenden Sonntagen gehen in katholischen Gemeinden die Kinder zum ersten Mal an den Tisch des Herrn, zur ersten heiligen Kommunion. Sie empfangen das Brot Jesu Christi, das sie verbindet mit der ganzen Menschheit. Denn alle Menschen zusammen bilden jenen Leib des Auferstandenen, von dem die biblische Botschaft spricht.
Darum ist dieser Tag ein wichtiger Abschnitt im Leben der Kinder und im Leben einer Kirchengemeinde. Denn eine christliche Gemeinde lebt davon, dass sie sich verbunden weiß mit der ganzen Menschheit. Das lateinische Wort dafür heißt communio, deshalb die Feier der Erstkommunion.
Die Kinder haben sich mit erwachsenen Begleiterinnen und Begleitern ein halbes Jahr lang vorbereitet auf diesen Tag. Sie haben durch viele Geschichten von Jesus erfahren, dass er sie zur Gemeinschaft einlädt. Dabei spielen Herkunft und Äußeres keine Rolle.
Deshalb erhalten die Kinder in manchen Gemeinden zu Beginn ein weißes Gewand, das sie über ihre Kleidung streifen. Das ist keine Uniformierung, sondern drückt aus, dass alle dieselbe Würde von Gott empfangen haben. Dies hat seinen Ursprung in der frühen Christenheit. Wer in der Osternacht getauft wurde, erhielt ein weißes Gewand als Zeichen seiner neuen Würde. Er trug es bis zum heutigen Sonntag und legte es dann wieder ab, „jedoch so", sagt Bischof Augustinus im 5. Jahrhundert, „dass das schimmernde Weiß, das mit dem Kleid abgelegt wird, im Herzen bewahrt werde."
Die Farbe weiß erinnert nicht nur an die Unschuld, sondern auch an die Auferstehung und das neue Leben in Gottes Herrlichkeit. Das ist der eine Aspekt der Erstkommunion.
Der andere erinnert daran, dass das Brot Jesu Christi ein Zeichen ist, das zum Teilen einlädt. So wie Jesus sein Leben an seine Mitmenschen verschenkt hat, so sind wir eingeladen, unser Leben miteinander zu teilen – im Guten wie im Bösen, in der Freude wie im Leid. Darum ist es auch schön, wenn ein Brautpaar bei der Hochzeit dieses Brot füreinander teilt und sich gegenseitig den Kelch Jesu Christi reicht, den Kelch des Leides und der Freude, wie es heißt. Dann spürt das neue Paar, dass es nicht nur in Gott verbunden ist,

sondern auch im alltäglichen Leben – eben dort, wo das Teilen konkret wird.
Ich bin überzeugt: wenn die Kinder schon im frühen Alter dieses Teilen lernen, werden sie auch als Erwachsene dafür sensibel sein. Dann wird es weniger Hunger in der Welt geben, weil mehr Menschen teilen.
Was ist das Schöne am Teilen? Es ist nicht nur der Andere, der etwas bekommt; auch der, der teilt, bekommt etwas, nämlich die Freude des andern.

Stephanus

Kommt jemand am Zweiten Weihnachtstag in einen katholischen Gottesdienst, sieht er die Kirchenfarbe rot: ein greller Ton, der gar nicht in die weiße Farbe des Weihnachtsfestes zu passen scheint. Rot deutet auf Blut und erinnert an den Heiligen dieses Tages: Stephanus. Für Christus hat er sein Leben gegeben und das zu einer Zeit, da der Apostel Paulus noch ein glühender Verfolger der Christen war. Warum folgt der Tag des Stephanus so dicht auf die Freude über den Geburtstag Jesu?
Bei näherem Zusehen ist auch die Kindheitsgeschichte Jesu alles andere als rührselig. Immerhin ist von Flucht nach Ägypten die Rede, weil der König Herodes das Kind verfolgt.
So wie dieses Kind schon heftige, ja blutige Reaktionen bei einem Mächtigen auslöst, so wird Jesus es als Erwachsener erst recht tun. Sein Protest gegen die Tempelfrömmigkeit seiner Zeit ist eine Kampfansage. Sie hat ihm das Leben gekostet und seinem Jünger Stephanus ebenso.

Stephanus war Diakon, er hatte für Witwen und Waisen in der Gemeinde zu sorgen. Als sich ein paar besonders Fromme mit ihm anlegen, hält er ihnen vor, dass Gott eben nicht bloß in bestimmten Häusern wie im Tempel oder der Synagoge wohne, sondern überall. Außerdem habe jeder Mensch unmittelbar Zugang zu Gott, es

brauche keine vermittelnde Instanz wie Priester oder andere Diener des Tempels.
Das bringt sie auf die Palme, und sie fangen an, ihn mit Steinen zu bewerfen. Als er sagt: „Ich sehe den Himmel offen“ werden sie noch wütender, und die Steine prasseln solange, bis Stephanus stirbt.
Warum sind sie so wütend? Stephanus hat ihre religiöse Sicherheit angegriffen. Er hält sie für halsstarrig, das heißt, sie sind so erstarrt, dass sie sich nicht mehr wenden und drehen können. Sie haben ihr religiöses System aufgebaut auf Forderung und Leistung: Gott fordert und der Mensch hat Leistung zu vollbringen. Sie wachen darüber, dass die Menschen so in Abhängigkeit gehalten werden. Sie beurteilen, ob einer genug geleistet hat oder nicht. Sich zum Gott des andern machen – das ist die alte teuflische Versuchung, die sich so fromm maskieren kann wie der Teufel in Gestalt der Schlange im Paradies.
Stephanus dagegen ist von der Freiheit überzeugt, die Gott dem Menschen geschenkt hat. Er weiß, dass der Mensch ein Abbild der Liebe Gottes ist, und da haben Abhängigkeit und Unfreiheit keinen Platz mehr.

Ein Satz der Erzählung von ihm macht mich nachdenklich. Wie kann er im Angesicht des Todes sagen: „Herr, rechne ihnen diese Sünde nicht an“? Woher nimmt er die Kraft so zu sprechen? Die Steine, die gegen ihn geschleudert werden, sind machtlos gegenüber seiner inneren Überzeugung, für diese heimtückischen Menschen um Vergebung zu bitten. Da spüren wir die Kraft einer Liebe, die uns am Ersten Weihnachtstag in der Geburt des Kindes erscheint und sich am Zweiten Weihnachtstag im Angesicht des Todes bewährt.
Die Steine können auch gegen uns heute fliegen. Es können Worte sein, die mich fertig machen, oder Blicke, die mich töten. Eine Geste der Verweigerung, der Missachtung, der Demütigung! Ein ganzes Arsenal von Möglichkeiten tut sich da auf: „Herr, wenn die stolzen Feinde toben...“, so lässt Johann Sebastian Bach den Chor im Weihnachtsoratorium singen.
Stephanus erinnert dabei an etwas Wesentliches: Der, der Steine wirft, ist selbst verhärtet und erstarrt. Wer aber im Dienst des

Lebens steht wie der Diener Stephanus, der Diakon, den kann eine solche Erstarrung nur äußerlich umbringen, innerlich nicht. Deshalb sieht er den Himmel offen, weil seine Liebe ihn offen hält. Er schaut im Grund seines Herzens nicht die Steine, sondern das Ziel seiner Liebe, den, dessen Geburtsfest wir an Weihnachten feiern. Auch ihn haben erstarrte Menschen umgebracht. Aber seine Liebe ist nicht umzubringen, und sie will gerade an Weihnachten konkret werden - dann, wenn die Gefühle so zerbrechlich sind wie in der Christnacht.
Wie oft geht der Friede in Scherben, weil nur äußerlich Harmonie herrscht, innerlich aber vieles unverarbeitet ist, Beziehungsprobleme ungelöst sind, vieles nur übertüncht ist. Dann können sehr schnell steinige Worte fliegen und vieles umbringen, was leben und sich entfalten will.
Die Kraft der Liebe, die in dem Kind von Bethlehem sichtbar wird, ist stärker als alle Steine. Sie bewährt sich gerade auch NACH Weihnachten, wenn der Alltag wieder da ist. Auch die Hirten an der Krippe Jesu mussten wieder in ihren Alltag zurück – und nichts hatte sich verändert, weder die Menschen, die ihnen misstrauten, noch die Wölfe, die ihre Schafe bedrohten. Aber sie selbst waren verändert. Das war das Neue, und genau das brachten sie in die menschlichen Beziehungen ein: ihre eigene innere Verwandlung; und weil sie verwandelt waren, konnten sie auch mehr Menschlichkeit einbringen.
Stephanus lädt uns ein, für diese Menschlichkeit Zeugnis abzulegen. Dann ist auch uns der Siegeskranz verheißen, den seine Name Stephanus ausdrückt.

Lateinamerika feiert seine Patronin

Lateinamerika feiert am 12. Dezember ein wichtiges Fest: Unsere liebe Frau von Guadalupe. Aus dem Jahr 1531 wird folgende Geschichte von diesem mexikanischen Ort erzählt: Der Indio Juan Diego hatte eine Marienerscheinung und wurde gebeten, eine kleine Grotte bauen zu lassen. Als er dem Bischof diese Bitte vortrug, glaubte dieser ihm nicht. Nur wenn er ein Zeichen brächte, das seine Zweifel ausräumen könnte, würde er ihm glauben. Juan erhielt dann den Auftrag, mitten im Winter Rosen zu schneiden. Er fand sie tatsächlich und brachte sie dem Bischof. Die Rosenblätter fielen zu Boden und formten das Gesicht Mariens.

Als ich diese Geschichte zum ersten Mal hörte, kam sie mir unglaubwürdig vor. Außerdem hab ich's nicht so mit Erscheinungen. Inzwischen habe ich die lateinamerikanische Mentalität kennen gelernt. Ich kann jetzt eher den Kern einer solchen Geschichte verstehen. Die Botschaft sagt nämlich: „Gott steht auf der Seite der einfachen Leute, und er kann durch sie auch Unmögliches vollbringen." Ob ich jetzt das Drumherum dieser Geschichte glaube oder nicht, das ist nicht entscheidend. Das kann ich respektvoll den Lateinamerikanern überlassen. Aber die Botschaft, die gilt auch mir: Gott steht auf der Seite derer, die keinen großen Einfluss haben, die in den Augen der Welt nicht viel gelten. Deshalb sagt auch Maria, die Mutter Jesu, zu Elisabeth: „Die Mächtigen stürzt er vom Thron und Niedrige hebt er empor."

Diese Botschaft gilt nicht nur Lateinamerika, wo die Armut eher mit Händen zu greifen ist als bei uns. Sie gilt auch hier, wo Arbeitslose sehr schnell das Gefühl haben, unten durch zu sein. Brauchen nicht auch sie einen Anwalt, der ihnen das Gefühl gibt: Du bist trotzdem wertvoll? Wie viel Durchhaltekraft braucht es da, um nicht abzusinken in irgendeine Sucht! Wenn ich aber jemand habe, der absolut auf meiner Seite steht, dann kann ich viel eher diese Durststrecke durchstehen, bis am Horizont ein neuer Stern aufgeht.

Ottilia und Luzia

Sehen zu können ist für viele Menschen selbstverständlich. Erst wenn wir eine Brille oder Kontaktlinsen brauchen, werden wir nachdenklich. Aber das gibt sich dann wieder.
Als ich unlängst in Bonn war und an einer Fußgängerampel stand, um die Straße zu überqueren, sah ich nicht nur rot und grün, ich hörte auch akustische Signale. Dann dachte ich an Blinde, für die ja solche Signale sind. Inzwischen gibt es an vielen Ampeln solche akustischen Signale.
Mir fällt ein Blinder ein, den ich in meiner frühen Jugend kennen gelernt habe und der mich sehr beeindruckt hat. Warum? Er war Sänger und ich durfte ihn bei einem Konzert auf der Orgel begleiten. Was hat mich fasziniert? Dass er sich mit seinen Fingern die Noten ertastete dank der Punktschrift. Er hörte auch Feinheiten, die ich gar nicht wahrnahm. Ich machte dann auch mal bewusst die Augen zu und stellte mir vor, wie das wäre, wenn ich nicht mehr sehen könnte. Ein schreckliches Gefühl: die Farben der Natur nicht mehr zu sehen, die Wellen des Meeres, einen Sonnenuntergang, das Lächeln eines lieben Gesichtes...

Am 13. Dezember ist der Tag zweier Heiliger, die mit dem Sehen können zu tun haben. In Süddeutschland und im Elsass gedenkt man der heiligen Ottilia. Sie war die Tochter eines elsässischen Herzogs und gründete zu Beginn des 8. Jahrhunderts ein Kloster; es stand auf einem Berg, der später nach ihr benannt wurde: der Ottilienberg. Nach der Legende wurde sie blind geboren und erhielt in der Taufe das Augenlicht – ein Hinweis darauf, dass die Taufe ein Zeichen dafür ist, die Dinge anders zu sehen, nämlich mit dem Licht der Liebe Gottes.

Die andere Heilige ist vor allem in Italien und besonders in Sizilien bekannt: Santa Lucia. In der Verfolgung durch den römischen Kaiser Diokletian erlitt sie zu Beginn des 4. Jahrhunderts das

Martyrium. Viele Blinde verehren sie als Patronin, bedeutet ihr Name doch Licht.

Ich weiß, dass sich heute in meiner argentinischen Bischofsstadt, in der ich längere Zeit lebte, die Blinden und Sehbehinderten der ganzen Stadt versammeln. Im Gedenken an Santa Lucía erleben sie einen Tag der Gemeinschaft – zusammen mit dem Bischof und den Helferinnen der Caritas. Als ich dort einmal dabei war, spürte ich das herzliche Miteinander dieser Menschen, die alle vom selben Schicksal betroffen sind, aber sich gegenseitig stärken und überaus feinfühlig miteinander umgehen. Das möchte ich auch unseren Blinden wünschen.

Der Adventskranz

„Hinterhältige Bakterien lauern überall. Stärken Sie rechtzeitig Ihre Abwehrkräfte." So las ich auf einem Plakat und dachte: „Seit wann sind Bakterien hinterhältig?" Natürlich ist es sinnvoll und nötig, sich vor ihnen zu schützen. Ebenso ist es immer gut, die eigenen Abwehrkräfte zu stärken. Aber wenn jemand hinterhältig sein soll, sind es nicht die Bakterien. Es sind wir Menschen. Wir können andere in einen Hinterhalt locken und dann über sie herfallen. Schon mit Worten kann dies passieren: wir machen jemand so fertig, dass er nicht mehr aufatmen kann. Warum sind wir Menschen manchmal so hinterhältig?

Vielleicht haben wir selber etwas erlebt, was wir noch nicht verarbeitet haben. Es rumort in uns, es sucht ein Ventil. Weil es keines findet, vergiftet es unser Inneres. Dann kommt eine Gelegenheit und alles Negative entlädt sich auf einen anderen. Scheinbar sind wir es los, aber nur scheinbar. In Wirklichkeit macht es uns immer mehr zu schaffen. Wie finden wir heraus aus diesem Teufelskreis?

Dafür steht ein anderer Kreis, den wir in den Wochen vor Weihnachten immer wieder anschauen: der Adventskranz. Er hat seinen Ursprung im Siegeskranz der Antike. Er ist das Zeichen eines errungenen Sieges. Darum möchte der Adventskranz sagen: Unser Leben ist zwar oft genug zerrissen, zwiespältig, fällt auseinander in Gutes und Schlechtes. Aber es kann wieder rund und ganz werden. Gott ist deshalb in Jesus Christus Mensch geworden, um unserer Menschwerdung ein positives Ziel zu geben.
Auch die Vierzahl der Kerzen erinnert daran, ist doch die Vier die Zahl der irdischen Fülle. Und auch das ist symbolisch: der Adventskranz bildet einen Kreis, die Anordnung der Kerzen ein Quadrat. Eine unmögliche Aufgabe bezeichnen wir als Quadratur des Kreises. So kann der Mensch von Gott her wirklich menschlich werden - ohne hinterhältige Absichten. Dann aber sind wir mit uns selbst stimmig, mit uns eins. Und ich bin sicher: Auch Bakterien haben dann nicht viel Chancen, so hinterhältig sie auch erscheinen mögen.

Ein unerwarteter Besuch

Es gibt nichts Schöneres als jemanden, der genau dann an unsere Tür klopft, wenn wir gerade das Gefühl haben, von aller Welt verlassen zu sein.“ Ich fand dieses Wort auf einer Postkarte und dachte: „Das passt so richtig zum Advent.“ – „Macht hoch die Tür, die Tor macht weit“, singen wir in einem Adventslied. Wie gern machen wir auf, wenn draußen jemand steht, den wir mögen. Oder es kommt jemand überraschend auf Besuch, den wir schon lange nicht mehr gesehen haben. Auf einmal fühlen wir uns nicht mehr allein.
Ich habe freilich auch schon das Gegenteil erlebt. Da wollte ich jemand besuchen, aber er ließ mich gar nicht herein. „Ich will nichts von der Kirche wissen“, schrie er und schlug mir die Tür vor der Nase zu. Sicher hat dieser Mensch eine schlechte Erfahrung mit

einem Pfarrer gemacht und ich war nun die gewünschte Zielscheibe seiner angestauten Aggressionen.

Nicht jeder freut sich über einen unerwarteten Besuch, selbst wenn er einsam ist. Vielleicht hat ihn das Leben verbittert. Da braucht es unter Umständen lang, bis einer aus diesem Loch herausfindet und wieder auf andere zugehen kann.
Manche Menschen müssen auch wirklich durch eine Hölle hindurch. Ihre Partnerschaft ist aussichtslos geworden. Sie haben Schuldgefühle, weil sie sich trennen wollen, können aber auch nicht mehr miteinander. Die Tür ist verrammelt. Sie klopfen verzweifelt an, aber die Tür öffnet sich nicht. Wenn dann einer kommt und es gelingt ihm, die Tür zu öffnen, dann kann sich was bewegen. Ich kann eintreten und bin umgeben von verstehenden Gefühlen. Dann merke ich wirklich, dass ich nicht von aller Welt verlassen bin.

Wahre Freundschaft

„Wahre Freundschaft ist eine sehr langsam wachsende Pflanze." Ein gutes Wort! Wenn wir einmal vor unserem inneren Auge die Freundschaften betrachten, die uns wichtig sind, werden wir solche entdecken, die schlagartig entstanden sind. Wir haben uns gut verstanden und gemerkt, wie einer den andern schätzt. Es war einfach Sympathie da – eine gute Voraussetzung für eine Freundschaft.

Aber dann haben wir gemerkt, dass noch mehr dazu gehört als Sympathie bzw. das, was das Wort Sympathie von seinem Ursprung her sagt: mitfühlen, mitleiden. Eine gute Freundschaft lässt sich nicht nur von Gefühlsregungen bestimmen, so wichtig die auch sind. Sie versucht sich in den andern hineinzufühlen: sie will spüren, wie dem andern zumute ist, um dann auch zu entdecken, was ihm wirklich gut tut.

Nicht immer ist das, was ich gut finde, auch gut für den andern. Der Dichter Gottfried Benn sagte einmal: „Das Gegenteil von gut ist nicht bös, sondern gut gemeint.“ Ich denke dabei, wie oft jemand es gut mit dem andern meint, aber sauer wird, wenn der andere anders handelt. Deshalb möchte wahre Freundschaft, dass ich mich in den andern hineinfühle. Dann finde ich heraus, was ihm gut tut, und das muss beileibe nicht das sein, was auch mir gut täte.

Ich hab mich als Kind immer geärgert, wenn die Erwachsenen für mich dachten und immer wussten, was mir gut tun würde. Ich wollte, dass sie nicht FÜR mich, sondern MIT mir dächten. Dann wäre ich mir nicht so hilfsbedürftig vorgekommen, so unfähig, selbst etwas zu tun. Ich hätte dann selber entscheiden können, und das hätte mein Selbstvertrauen gestärkt.

Wahre Freundschaft will das Selbstvertrauen stärken Umso mehr braucht sie dieselbe Augenhöhe. Dann kann sie langsam wachsen und sich entfalten, und so wird sie ein kostbarer Schatz für uns.

Unmögliches wird möglich

Albert Einstein, bedeutender Physiker aus Ulm, hat einen bemerkenswerten Satz gesagt: „Eine wirklich gute Idee erkennt man daran, dass ihre Verwirklichung von vornherein ausgeschlossen erschien.“ Das klingt zunächst unsinnig. Wenn etwas von vornherein ausgeschlossen scheint, hat es doch überhaupt keinen Sinn, sich damit abzugeben. Oder doch?
Manchmal sagen wir sehr schnell: „Ausgeschlossen!“ Es ist etwas Ungewohntes, Unerwartetes, was uns noch nie begegnet ist, und deshalb lehnen wir es gleich ab. Oder wir spüren eine Herausforderung, wollen uns ihr aber nicht stellen. Also abgelehnt!

Ich denke an Jugendliche, die uns Erwachsene ganz schön provozieren können. Sie spüren, wir sind festgefahren in unseren

Denkmustern, wollen uns nicht einlassen auf etwas Anderes, blocken ab. Schlimm wird es für junge Leute, wenn wir dann noch mit unserer Erfahrung kommen. „Mach du erst mal meine Erfahrung, dann wirst du schon sehen..."
Ein solches Argument erschlägt den Jugendlichen. Er fühlt sich nicht verstanden, abgelehnt – und denkt insgeheim: „Ach, soll doch der Alte weiterschwätzen...!"

Er hat Recht, der Jugendliche. Wir sind in einem solchen Augenblick nicht bereit, uns auf etwas Neues einzulassen. Das Wort Albert Einsteins befreit uns von falscher Angst und öffnet uns für Neues, wenn es sagt: „Eine wirklich gute Idee erkennt man daran, dass ihre Verwirklichung von vornherein ausgeschlossen erschien." Gerade, wenn sie unmöglich scheint, lädt sie uns ein dranzubleiben und nicht vorschnell aufzugeben. Dann kann es tatsächlich geschehen: Wir bleiben dran, und auf einmal entdecken wir wirklich etwas Neues.

Auf Gefühle achten

Eine Bekannte hat mir eine Karte geschickt. Darauf stand: „Hör auf deine Gefühle; sie sagen dir, was du für dich tun musst!"
Auf Gefühle zu achten hat nichts mit Gefühlsduselei zu tun. Vielmehr sind die Gefühle ein wichtiger Anzeiger. Sie lassen uns sofort spüren, wo eine Beziehung stimmt und wo nicht. Gefühle sprechen unmittelbar.
Natürlich können sie auch täuschen. Wir lassen uns blenden von einem ersten Eindruck; aber irgendwann merken wir, der Andere ist gar nicht so überheblich, wie er mir zuerst erschien. Er hält nur mit seiner Meinung nicht hinterm Berg; er spricht offen aus, was er denkt. Freilich spüre ich das erst, wenn ich mich näher auf den Andern einlasse.
Oder ich merke, dass er doch nicht echt ist und gern eine Rolle spielt, selber aber wo ganz anders steht.

Natürlich spielen unsere Gefühle in unsere Vernunft hinein, und wir urteilen vielleicht vorschnell. Ein Gefühl der Antipathie hat uns irre geleitet, und erst wenn wir ihm nachgehen, merken wir unseren Irrtum.
Es kann auch umgekehrt sein: Da ist mir jemand begegnet, mein Gefühl schickte mir eine Botschaft, aber ich habe nicht darauf geachtet – und auf einmal war ich im Irrtum oder habe falsch gehandelt.
Es lohnt sich schon, unseren Gefühlen zu trauen, auch wenn wir sie dann mit dem Verstand untersuchen und prüfen. Sie nicht zu beachten ist schädlich. Wo wir auf sie achten, wird unser Leben erfüllter.

Patron des Lebens

Am 15. Juni ist der Gedenktag eines Heiligen, der zu den sogenannten 14 Nothelfern gehört. Wer schon einmal in Prag war, hat bestimmt den Dom besucht, der über seinem Grab gebaut wurde: der Veitsdom. Veit oder lateinisch Vitus stammte aus Sizilien. Im Jahr 304 starb er den Märtyrertod. Viele wundersame Legenden ranken sich um seine Gestalt, etwa die folgende:
Der Sohn des römischen Kaisers wird von Besessenheit gequält. Der Kaiser hört, dass der jugendliche Vitus schon verschiedene Heilungswunder vollbracht hat. Er lässt ihn rufen. Vitus kommt und legt dem Besessenen die Hände auf. Im gleichen Augenblick wird der Sohn des Kaisers gesund. Darauf verlangt der Kaiser, Vitus solle seinen christlichen Glauben verleugnen und die römischen Götter anbeten. Vitus weigert sich und kommt ins Gefängnis. In der Nacht fallen plötzlich die Ketten von ihm ab und helles Licht erleuchtet ihn. Wütend lässt ihn der Kaiser in einen Kessel mit siedendem Pech werfen. Wohlbehalten steigt Vitus aus dem Kessel heraus. Darauf wird er den Löwen vorgeworfen. Aber die lecken friedlich seine Füße. Dann wird er auf die Folter gespannt. Da gibt

es ein furchtbares Unwetter, das die Tempel der römischen Götter zerstört.

Der Benediktinermönch Anselm Grün schreibt über den Heiligen: „Von Vitus geht etwas aus, das stärker ist als alles Feindliche, das auf ihn einströmt...Das göttliche Licht, das ihn umstrahlt, durchdringt selbst die äußerste Finsternis." Der Name Vitus bedeutet ja „der Lebendige". Darum will Vitus uns ermutigen, der Spur des Lebens in uns zu trauen. Gerade Menschen, die an ihrer Lebensgeschichte leiden, brauchen solche Ermutigung.

In Frommenhausen nahe Tübingen ist die Dorfkirche Vitus geweiht. Wer in dieses schöne Barockkirchlein eintritt, spürt etwas von der Lebendigkeit, die Vitus uns schenken möchte. Er erinnert uns daran, dass die christliche Botschaft uns zur Freiheit rufen möchte, zu jener inneren Freiheit, die auch äußere Zwänge nicht zerstören können. Vitus ist so das Bild des lebensfrohen, lebendigen und jugendlichen Menschen.

Loslassen können

Manche Eltern haben ihre liebe Not, wenn die Kinder bettnässen. Aber das ist nicht nur ein Problem der Kinder. Es gibt Menschen, die Probleme mit dem Wasserlassen haben. Vielleicht haben sie eine Reizblase. Natürlich trauen sie sich kaum, darüber zu sprechen, und leiden umso mehr. Sie spüren die Schmerzen. Ich weiß, wie mein Onkel mit diesem Problem gekämpft hat. Es ist eine falsche Scheu, die sagt: „Darüber spricht man nicht!" Warum sollten wir über ein solches Problem nicht auch sprechen?

Der heilige Vitus, einer der 14 Nothelfer, wird vom gläubigen Volk als Patron gegen das Einnässen angerufen – gleichzeitig auch bei Aufregungen. Die Psychosomatik heute weiß um den inneren Zusammenhang von beiden. Menschen mit Harn- oder

Urinproblemen können mit Spannungen nicht gut umgehen. Sie wollen sofort alles loswerden, was sie umtreibt. Sie haben nicht jene heitere und gelassene Ruhe, die wir gerade dann brauchen, wenn alles aufgewühlt und durcheinander geworfen wird. So formuliert es der Benediktinermönch Anselm Grün in dem wunderbaren Buch „Wunden in Perlen verwandeln“. Darin aktualisiert der Pater die 14 Nothelfer.

Menschen können an Verstopfungen leiden, weil sie nicht loslassen können. Sie haben Angst zu verlieren und halten alles krampfhaft fest. Sie werden beziehungsscheu, verbohren sich in sich selber. Sie sind unsicher in der Beziehung zu andern. Unser Leib reagiert eben sehr sensibel auf seelische Zustände.

Deshalb haben die Menschen gern einen heiligen Nothelfer angerufen wie Barbara, Katharina, Georg oder Vitus. Warum? Weil diese Menschen eine Lebendigkeit ausstrahlen, die gut tut. Gleichzeitig kommt das Schlimme in ihnen zum Erliegen, das Menschen so oft lähmen kann. Diese Heiligen verstellen nicht den Blick auf den wahren Heiland Jesus Christus. Aber sie erinnern in ihrer Verschiedenheit gerade an die Vielfalt der Gnade Gottes, die immer heilend und befreiend wirkt.

Der beruhigende Teich

Ich fand ein schönes Wort: „Nur in einem ruhigen Teich spiegelt sich das Licht der Sterne."
Dieses Wort fordert mich heraus, weil ich manchmal alles andere als ruhig bin, wenn ich von einem Unrecht betroffen bin oder wenn ich provoziert werde. Dann kann ich nicht ruhig sein. Ich bin nicht so abgeklärt, dass ich über allem stehe. Aber ich weiß: Nach der ersten Aufregung, dem Ärger, der Wut muss ich in eine Phase kommen, in der die Gefühle sich wieder beruhigen. Dann kann ich das Vorgefallene anschauen und mich mit ihm auseinandersetzen. Später merke ich dann: Ich habe auch durch diese Erfahrung etwas gelernt. Doch zuerst muss sich das Wasser beruhigen; dann können sich die Sterne in ihm spiegeln.

Schön, dass dieses Wort von der Nacht spricht. Bei Tag ist es klar: Schaue ich in einen Brunnen, dessen Wasser aufgewühlt ist, erkenne ich mein Gesicht nicht; erst wenn es ruhig geworden ist, sehe ich mich klar und deutlich.

Das Wort vom Teich dagegen verbindet zum einen Himmel und Erde, zum andern gibt es der Nacht eine neue Bedeutung. Die Nacht ist nicht nur das Dunkle, ja Bedrohliche. Im Gegenteil: Der wolkenlose Nachthimmel bringt uns den Glanz des Firmamentes durch die Sterne nahe. Wenn sie sich dann noch in einem See spiegeln, haben wir den Himmel gleichsam auf die Erde herabgeholt. So kann ein Mensch zu einem Stück Himmel für mich werden; er sucht mich wirklich zu verstehen, er nimmt mich so an wie ich bin.
Er löst dadurch nicht meine Probleme, die bleiben mir erhalten. Aber ich finde mich in ihm aufgehoben. Er wird so zu einem Stern, der für mich leuchtet – nicht fern am Nachthimmel, sondern im See meiner Empfindungen, meiner Gefühle. Er strahlt eine Ruhe aus, die ansteckend wirkt und mich in meiner Unruhe zur Ruhe führt.

Der Palmesel

Mit dem Palmsonntag beginnt die Karwoche, die höchste Woche der Christenheit. Jesus reitet in Jerusalem ein – aber nicht hoch zu Ross, sondern auf einem Esel. Damit hat er auch ein politisches Signal gesetzt. Wer herrschen will, muss bereit sein zu dienen, so wie der Esel dem Menschen dient.
Das gilt nicht nur für Politiker oder Menschen in leitender Funktion. Wir können nur dann zuversichtlich in die Zukunft schauen, wenn der Geist des Dienens herrscht. Wie zeigt sich dieser Geist?
Der Esel trägt andere. Er spürt, wie dem andern zumute ist. Er fühlt sich in ihn hinein. Aber er zeigt sich auch störrisch, wenn er missbraucht wird.
Es gibt da eine schöne Geschichte im Ersten Testament von Bileam und dem Esel. Der Esel zeigt sich dabei viel feinfühliger als der Mensch. Er spürt den Engel, der ihn auf eine Gefahr aufmerksam macht. Dagegen will Bileam mit dem Kopf durch die Wand. Deshalb schlägt er den störrischen Esel. Es braucht eine Weile, bis der Mensch merkt, wie gewalttätig er gegenüber dem Tier ist. Schließlich sieht Bileam sein Unrecht ein und entschuldigt sich beim Esel.
Wie schlimm ist es, wenn Menschen mit Gewalt ihr Ziel erreichen wollen. Wer dagegen aufmerksam ist und die Signale in seiner Umgebung wahrnimmt, der kommt viel eher ans Ziel. Gerade deshalb ist das Dienen so wichtig.
Aber Dienen meint nicht eine gebückte sklavische Haltung, sondern eine aufrechte freie. Sie spürt, was jetzt wichtig ist, was hilft und was andern gut tut. Sie ist viel weniger in Gefahr, andere für die eigenen Zwecke zu missbrauchen. Sie dient andern, ohne sich vereinnahmen zu lassen, und sie darf sich auch störrisch zeigen wie der Esel, wenn sie sich ausgenützt fühlt. Es hat schon was für sich, dieses Bild vom Esel.

Johann-Sebastian-Bachs Musik

Wie viele Menschen beglücken die Kompositionen von Johann Sebastian Bach noch heute – ob instrumental oder chorisch, ob Soloinstrument oder Singstimme. Was mich besonders bewegt, hat Bach in einer Anleitung für seine Schüler geschrieben. Es geht darum, welches Ziel Musik eigentlich hat.
Bach sagt, Musik diene der Ehre Gottes und der „Recreation des Gemüts“. Wenn eines von beiden fehle, sei Musik ein teuflisches Geplärr und Geleier.

Ist das ein Gerede des 18. Jahrhunderts, das heute nichts mehr zu sagen hat? Ich glaube nicht. Musik möchte ja ins Gemüt dringen und uns in unseren tieferen Schichten ansprechen. „Mit Musik geht alles besser“, sagen viele. Warum? Weil sie uns im Innersten bewegt. Darüber hinaus möchte sie uns Mut machen. Ihre Melodien, ihre Harmonien zeigen uns, dass Leben mehr ist als Tatsachen und Ellbogen. Wir spüren dann, dass wir nicht nur auf der Welt sind, um zu produzieren und Leistung zu erbringen, so wichtig das ist. Aber Leben ist viel mehr. Darum schenkt uns Musik Gelassenheit um uns selbst, sie lässt uns atmen. Nicht zuletzt stellt sie mit ihren Harmonien eine Welt dar, nach der wir uns sehnen. Sie versetzt uns in eine bessere Welt. So sagt es Franz Schubert in einem Lied.

Ist das eine Scheinwelt? Ist Musik Opium, das uns betäubt? Lässt sie uns vergessen, wie hart die Welt ist mit ihrem täglichen Kampf? Nein, aber die Musik erinnert uns daran, dass unser Leben nicht scheitern, sondern gelingen will. Musik nimmt uns hinein in das Geschenk des Lebens.
Daran erinnert Bach, wenn er sagt, Musik diene der Ehre Gottes. Gerade dadurch ehren wir Gott, dass wir die Musik als Botschafterin begreifen. Wenn nämlich Kinder und Jugendliche sich

zusammensetzen und musizieren, dann spüren sie, dass das Leben ein gutes und schönes Miteinander sein will.

Was kann Musik noch erreichen? Sie bringt die verschiedensten Menschen zusammen. Jeder kann sich beim Musizieren einbringen. Jeder kann seine Stimme in den Chor des Ganzen einfügen. Was bewirkt dies? Wenn ein Männerchor sich zum Singen trifft, dann spielen nicht Macht und Gewalt eine Rolle, dann gibt es keinen Skandal von Korruption und all dem Üblen, das in unserer Welt geschieht.
Wenn Menschen miteinander singen, spüren sie das Gemeinsame, das sie bewegt. Jeder bringt sich selbst ein und denkt doch ans Ganze. Das gibt dann eine gute Gemeinschaft, und Gemeinschaft zu bilden ist auch der Wille Gottes. Der Theologe Augustinus, der im 4.Jahrhundert lebte, meint: „Wer singt, betet doppelt." Darum dient gute Musik der Ehre Gottes, und sie erfreut des Menschen Herz. Das ist das Wunderbare an ihr.

Judas – eine tragische Gestalt

Warum hat Judas Jesus verraten? Einer, der sein Jünger war. Das verstehen viele nicht. War das wirklich so, dass er es wegen Geld tat? So wird er ja oft dargestellt. Aber warum hat er dann das Geld in den Tempel geworfen und sich erhängt? Das zeigt doch, dass Geld nicht das Letzte für ihn war.

Manche meinen, Judas sei Nationalist gewesen, also einer, der mit Gewalt die Römer aus dem Land vertreiben wollte. Sie hielten damals das Land besetzt. Darum war Judas nicht einverstanden, als Jesus einen anderen Weg wählte: nicht die Gewalt, sondern die Liebe. Begann Judas sogar Jesus zu hassen? Dann hätte er aber vor dem Hohen Rat gegen Jesus aussagen können, um das Todesurteil zu beschleunigen. Judas hat das nicht getan. Hätte er Jesus gehasst, hätte er sich auch nicht umbringen müssen.

Ich meine, die Sache verhielt sich anders. Es bestand nämlich zwischen Jesus und Judas eine besondere Beziehung. Judas war beim letzten Abendmahl an der Seite Jesu, sonst hätten sie sich nicht leise zu zweit unterhalten können. „Was du tun willst, das tu bald", sagt Jesus zu ihm abseits von den andern. Judas hätte auch nicht das Brot mit Jesus in die Schüssel tauchen können, wäre er nicht an seiner Seite gewesen. Beide liebten einander, aber da trat eine Krise auf. Sie begann, als Jesus anfing vom Leiden zu sprechen. Das wollte Judas nicht. Aber es gefiel ihm, als die Leute Jesus zum König machen wollten. Das war sein Traum.

Doch Jesus lehnte ab, und damit begann die Tragödie. Noch im Garten Gethsemane küsste Judas Jesus – und zwar leidenschaftlich, wie der Evangelist wörtlich sagt. Das war kein Verrat. Judas wollte vielmehr Jesus zwingen, einen eindrucksvollen Beweis seiner Macht zu zeigen, die Soldaten überwältigen und als Sieger hervorgehen. Auch Petrus zog ja schon das Schwert. Aber dann diese Enttäuschung! Jesus will nicht. Er lässt sich gefangen nehmen, verurteilen und geht dann ans Kreuz. Das ist Judas zu viel. Er hat doch nicht den Tod Jesu gewollt, sondern seinen Sieg. Das nimmt ihm den Atem. Dann hat er kein Lebensrecht mehr. Er bringt sich um. Aus Liebe für den Freund!

Erkennen wir uns in Judas? Wenn wir von Gott enttäuscht sind? Stehen wir dann dennoch zu ihm? Auf einem Kapitell in der Magdalenenkirche Vézelays trägt Jesus als der gute Hirte den toten Judas über seiner Schulter. Inmitten der Verzweiflung ein Bild der Hoffnung!

Jesu Fußwaschung

In evangelischen und katholischen Gemeinden wird am Gründonnerstag eine besondere Abendmahlsfeier gehalten. Zum einen werden Brot und Wein an alle ausgeteilt. Auch die Kinder werden einbezogen und teilen miteinander Brot und Traubensaft. So wird des letzten Mahles gedacht, das Jesus mit seiner Gemeinschaft am Vorabend seiner Kreuzigung gefeiert hat.

Dieses Mahl hat seinen Ursprung im jüdischen Passahmahl; es erinnert das jüdische Volk an den Auszug aus Ägypten. Moses hatte damals das Volk Gottes aus der Knechtschaft in die Freiheit geführt.

Der andere Aspekt der Abendmahlsfeier am Gründonnerstag ist die Fußwaschung, die Jesus an seiner Gemeinschaft vollzieht. Wir haben heute vielleicht nicht sofort Zugang zu dieser Geste. Damals war das der Dienst eines Dieners; er wusch den ankommenden Gästen die staubbedeckten Füße. Dazu muss er sich vor dem Gast bücken.
Jesus möchte mit dieser Geste ein Beispiel geben. Er wäscht seinen Jüngern nicht den Kopf, sondern die Füße. Er stellt sich nicht über sie, er bückt sich. Wer sich bückt vor dem andern, anerkennt seine Würde – ob verdient oder unverdient. Er ist bereit ihm gut zu tun. Er behandelt ihn nicht von oben herab.
Wir verstünden diese Geste falsch, wenn wir sie als unterwürfig, gar kriecherisch deuteten. Jesus hatte es nicht nötig, vor jemand zu kriechen. Nur wer sich seiner eigenen Würde bewusst ist, kann sich wirklich vor dem andern Menschen bücken.

Warum tut das Jesus? Weil er seiner Gemeinschaft zeigen will, wie menschliches Zusammenleben glückt. Er hat einmal gesagt: „Bei euch soll es nicht so sein wie bei den Herrschern dieser Welt; sie unterdrücken ihre Untertanen. Wer von euch der Erste sein will, der sei der Diener aller."

Deshalb ist es so schön zu sehen, wie viele Menschen sich ehrenamtlich engagieren – in der Gemeinde, im Verein, in der Kirche. Wir leben alle von diesem Einsatz. Ich denke dabei besonders auch an jene, die andern beistehen, wenn es ans Sterben geht. In dieser Nacht, die an das Leiden Jesu am Ölberg erinnert, an seine Verhaftung und den folgenden Prozess, ist mir der Dienst derer wichtig, die Menschen in ihrem Leiden beistehen. Wir kommen uns dabei oft ohnmächtig vor. Aber für einen Sterbenden ist es wichtig, dass wir ihn begleiten, die fieberheiße Stirn kühlen, die Wange streicheln. Wir geben ihm so das Gefühl: Du bist nicht allein.

Christophorus

Ein beliebter Heiliger ist Christophorus. Viele Darstellungen zeigen ihn, den übergroßen Mann, wie er – ein Kind auf der Schulter – durch einen Fluss watet. Nach der Legende wollte dieser Riese dem mächtigsten Herrn dienen. Er kommt zu einem König, der als der Mächtigste gilt. Als aber ein Gaukler vor dem König ein Lied singt, erwähnt er dabei den Teufel. Erschreckt schlägt der König ein Kreuzzeichen. Der Riese merkt, dass der Teufel mächtiger ist als der König; darum sucht er den Teufel, findet ihn und bietet ihm seinen Dienst an.
Eines Tages kommen sie auf ihrer Wanderung an einem Wegkreuz vorbei. Der Riese merkt, dass der Teufel einen Umweg macht. „Also bist auch du nicht der Mächtigste", ruft er und verlässt den Teufel. Dann findet er einen Einsiedler, der ihm den Sinn des Kreuzes erklärt. „Wie kann ich diesem Gekreuzigten dienen?" fragt der Riese. Der Einsiedler bittet ihn, Menschen über einen gefährlichen Fluss zu tragen, dessen Brücke abgerissen war. So steht der Riese

jahrelang im Dienst des gekreuzigten Jesus Christus, indem er andern Menschen hilft. Ophorus nennen ihn die Leute, Träger.
Einmal ruft ihn ein Kind: „Trag mich hinüber!“ „Aber gern, mein Kleiner!“ Geschwind setzt er das Kind auf seine Schulter und steigt in den Fluss. Aber bei jedem Schritt wird seine Last schwerer und schwerer. Mit letzter Mühe bringt er das Kind ans andere Ufer. „Wer bist du denn?“ stöhnt der Riese. Das Kind antwortet dem verwunderten Mann: „Ich bin der Herr der Welt. Darum sollst du von nun an ‚Christophorus' heißen“ – Christusträger. - So weit die Legende.

Christophorus ist ein suchender Mensch. Er möchte sein Leben einsetzen für andere. Dabei entdeckt er die Angst, die Menschen voreinander haben. Er wird zum Bild des Vertrauens gegen die Angst. Da ist einer, der mich trägt – auch dort, wo es ganz unwegsam zugeht. Deshalb haben viele eine Plakette von Christophorus in ihrem Fahrzeug. In manchen Gegenden werden an seinem Gedenktag Fahrzeuge gesegnet. Das ist keine Magie, sondern erinnert an rücksichtsvollen Umgang im Straßenverkehr.
Christophorus will uns Menschen auf allen Wegen begleiten und uns der Nähe Gottes versichern. Auch auf der letzten Wegstrecke – an der Schwelle des Todes – erinnert er daran, dass wir immer und überall in Gottes guter Hand geborgen sind.

Großeltern sind wichtig

Großeltern sind wichtig für die Entwicklung eines Kindes. Ich bedaure es sehr, dass meine Großeltern schon gestorben waren, als ich auf die Welt kam.
Ich sehe, wie Großeltern aufleben, wenn sie mir von ihren Enkeln erzählen. Sie verwöhnen sie auch gern, was den Eltern nicht immer gefällt. Aber das ist gut so. Wo Eltern ein bisschen strenger sein müssen, dürfen Großeltern nachsichtig sein.
Ich finde es schön, wenn Großeltern Zeit für die Enkel haben, mit ihnen „Mensch, ärgere dich nicht" spielen oder auf einem Spaziergang die Schönheit der Natur erklären. Vor allem ist es wichtig, dass sie sich den Fragen der Enkel widmen und sie beantworten oder zumindest ernst nehmen, wo sie keine Antwort wissen. Enkel brauchen eine schier unerschöpfliche Geduld, über die die Eltern nicht immer verfügen, aber viele Großeltern.

Am 26. Juli ist der Gedenktag der Großeltern Jesu mütterlicherseits: Joachim und Anna. Zwar weiß die Bibel nichts von ihnen. Erst um das Jahr 200 nach Christus werden sie genannt. Aber gerade ihr kaum merkliches Auftauchen in der Geschichte ist für mich ein wichtiger Hinweis. Großeltern wollen sich nicht ins Rampenlicht stellen, sie wirken im Hintergrund. So können sie Eltern entlasten. Durch Babysitterdienste helfen sie mit, dass die Eltern auch ihre Partnerschaft pflegen können. Vollends wichtig sind sie bei Alleinerziehenden, die ohne die Hilfe der Großeltern kaum auskommen.

Wir wissen nicht, welchen Einfluss Joachim und Anna auf ihren Enkel Jesus ausübten. Wir können nur vermuten, dass seine Menschlichkeit auch deshalb so anziehend war, weil er aus seiner Familie wichtige Impulse empfangen hat, auch wenn er sich nachher von ihr absetzen musste. Jeder Jugendliche wird sich in einer bestimmten Phase seines Lebens von seiner Familie absetzen. Das muss er, um seinen eigenen Weg zu finden. Später wird er als Erwachsener entdecken, was er ihr verdankt, auch den Großeltern!

Wandel ist wichtig

Ein chinesisches Sprichwort sagt: „Wenn der Wind des Wandels weht, bauen die einen Mauern und die anderen Windmühlen." Sich zu wandeln ist gar nicht einfach. Etwas aufzugeben, was einem wichtig erscheint, das kostet Überwindung. Als in der katholischen Kirche Mitte der 60ger Jahre die Gottesdienstsprache deutsch wurde, haben manche dagegen Mauern gebaut. Ihnen war das Latein lieb und das wollten sie beibehalten. Sie stemmten sich gegen den Wandel.
Ich entsinne mich auch eines prägenden Ereignisses aus meiner Kindheit. Meine Mutter war es gewohnt, den Zimmerboden zu kehren und zu bohnern, ein mühseliges Geschäft. Eines Tages kam ein Staubsaugervertreter und wollte ihr das neue Gerät verkaufen. Wir Kinder waren gleich dafür. Aber meine Mutter wehrte sich mit Händen und Füßen. Wir Kinder setzten den Kauf des Staubsaugers durch. Mutter war beleidigt. Irgendwann probierte sie dann doch den Staubsauger aus und wurde glücklich damit.
So liegt in jedem Wandel eine Chance. Aber ich muss bereit sein, Vergangenes hinter mir zu lassen. Ich kann **gegen** den Wind eine Mauer bauen, wie das chinesische Sprichwort sagt, ich kann aber auch **mit** dem Wind eine Windmühle betreiben und Energie gewinnen.

Was sich nicht wandelt, das erstarrt. Will ich lebendig bleiben, muss ich bereit sein mich zu wandeln. So wie die Pflanze nur dann neue Blüten bringt, wenn sie sich wandelt. Unser Leib ist – rein physisch gesehen – ständig in Wandlung. Unsere Seele dagegen hängt gerne an der Vergangenheit, vor allem wenn sie uns schmerzt, wenn jemand uns wehgetan hat, wenn uns etwas missglückt ist.

Statt in den Wunden zu bohren oder uns unser Versagen ständig vor Augen zuhalten, ist es wichtig, Wunden heilen zu lassen. Dann wandelt sich der Schmerz und wird zu einer kostbaren Erfahrung.

Den Hass überwinden

Hass verletzt die Seele, zerstört die Persönlichkeit. Ein vom Hass besessener Mensch wie Hitler hat 6 Millionen Juden in den Tod getrieben. Hass haftet vielen Diktatoren an – von Kaiser Nero bis Saddam Hussein. Er haftet auch denen an, die die Zwillingstürme in New York zerstörten, wie denen, die die Attentate in London verübten. Der Hass zerfrisst die Persönlichkeit eines Menschen wie ein Krebsgeschwür. Er zerstört die Beziehungen. Er löst Kettenreaktionen aus. Hass gebiert neuen Hass, der immer noch größer ist.
Man kann Hass mit Krieg beantworten, aber so löst sich nicht das Problem. Das sehen wir am Irak, der nicht zur Ruhe kommt. Der Hass ist ein Übel und fügt seinen Opfern immer nur neuen Schaden zu.

Woher kommt dieser Hass? Da wird ein Mensch in seiner Würde nicht geachtet. Vielleicht wird er sogar belächelt – wegen seiner Herkunft, seiner Kultur oder Religion. Und schon nistet sich der Hass in seiner Seele ein. Immer wieder erleben wir dann, wie plötzlich die Saat der Gewalt aufgeht und neue Hasskinder zeugt. Ein furchtbarer Strom, der alle ins Verderben reißt!

Wie können wir dem Hass begegnen? Jesus sagt in einer Predigt: „Liebet eure Feinde!“ Das provoziert und reizt zum Widerspruch. Kann ich den lieben, der gegen mich ist, mich zerstören will, kann ich ihn lieb haben? Natürlich nicht! Aber Liebe ist nicht gleich lieb haben. Jesus meint die schöpferische Liebe, die aus dem Feind den Menschen herauslocken will – den Menschen, der sich genau so wie ich danach sehnt, akzeptiert zu werden. Vielleicht kann er dann sogar zum Freund werden. Das hat der amerikanische Präsident Abraham Lincoln fertig gebracht, als er nach seiner Wahl seinen schärfsten Gegner zum Verteidigungsminister berief.

Schöpferische Liebe sucht den Gegner zu verstehen, seine Gründe für den Hass aufzuspüren und ihm anders zu begegnen, als er es erwartet – eben nicht wieder mit Hass, sondern mit Entgegenkommen. Freilich, wenn der Hass tief sitzt, nützen auch gute Worte nichts. Ich denke an Osama bin Laden und seine Helfershelfer. Es braucht gewaltige Anstrengungen, um denen den Boden zu entziehen, die mit Hass agieren. Weil Hass aber oft durch Missachtung entsteht, können wir alle an dieser Wurzel ansetzen und versuchen, den andern gerade in seiner Andersartigkeit zu schätzen. Dann findet der Hass keinen Nährboden.

Wirkliche Gastfreundschaft

Die heilige Marta ist eine biblische Gestalt. Mit ihrer Schwester Maria und ihrem Bruder Lazarus gehörte sie zum Freundeskreis Jesu. Es gibt da eine Szene, die viele Hausfrauen ärgert. Jesus kommt zu Besuch und Maria setzt sich ihm zu Füßen. Sie hört ihm zu und lässt ihre Schwester allein mit den hausfraulichen Pflichten. Als Marta sich bei Jesus beschwert, sagt er: „ Marta, Marta, du kümmerst dich um vieles; Maria hat das bessere Teil erwählt." Verachtet Jesus die Hausfrauen?

Natürlich nicht! Schon gar nicht im Orient, wo die Gastfreundschaft etwas ganz Wichtiges ist, zumal im Gast Gott selber erscheint. Aber gerade deshalb ist es wichtig, sich dem Gast ganz zu widmen, zu hören, was er mitbringt, und zu spüren, was ihm wichtig ist. Darum setzt sich Maria ihm zu Füßen. **Vor** allem Materiellen ist es wichtig, das Seelische zu spüren. So kann der Gast ankommen und bekommt das Gefühl: ich werde wirklich aufgenommen. Erst danach kommt das Andere, etwas trinken oder essen, je nachdem, was der Gast wünscht.

Manchmal komme ich in ein Haus, sitze kaum – und schon rennt alles in Küche oder Keller - und ich bin allein. Natürlich ist es schön, wenn man gleich umsorgt wird. Aber vielleicht komme ich grad vom Essen, hab weder Hunger noch Durst, möchte nur einen Besuch machen, schauen wie es geht, hören was die Leute bewegt. Dann muss ich wieder weiter und gehe erfüllt, wenn wir uns ausgetauscht und aneinander Anteil genommen haben. Wenn aber alles gleich fort springt und mir dann zu essen und trinken aufnötigt, haben wir gar keine Zeit, einander ankommen zu lassen.
Das aber ist wichtig und daran erinnert Maria, wenn sie sich zu Jesus setzt und ihm zuhört. Ist der Gast dann angekommen, wird auch sie ihn fragen, ob er etwas essen oder trinken möchte. So wird unser Leben zur Begegnung, und das gibt unserem Leben Sinn.

Fasnetssonntag

Narri, narro, di Fasnet, di isch do. Auch wer nicht auf die schwäbisch-alemannische Fasnet abfährt, ihrem Reiz kann man sich schwer entziehen. Viele stehen heute am Straßenrand und schauen den närrischen Umzügen zu. All die Narren, Hexen und sonstwie Verkleideten toben sich heute, am Rosenmontag und am Fasnetsdienstag noch einmal aus, bis sie am Dienstagnacht die Strohhexe verbrennen und das Ende der 5. Jahreszeit heulend betrauern.

Als ich Pfarrer in Hirrlingen bei Rottenburg war, habe ich diese Art der Fasnet kennen gelernt. Dabei ist mir etwas aufgefallen: Man wünscht sich dort in den närrischen Tagen eine „glückselige Fasnet“. Dieses Wort „glückselig“ ist vielen nicht mehr geläufig. Es ist die genaue Übersetzung des griechischen Wortes „makarios“. Mit diesem Wort leitet der Evangelist Matthäus die Seligpreisungen Jesu in der Bergpredigt ein: Glückselig sind die Armen, die Trauernden, die Hungernden, die Friedensstifter. Jesus preist

Haltungen selig, die zwar in der Welt der Macht und des Geldes wenig zählen, wohl aber menschliche Beziehungen mit Sinn erfüllen: nämlich Sympathie zu empfinden mit Menschen, die trauern, die hungern, die ungerecht behandelt werden.

Das scheint nichts zu tun zu haben mit der ausgelassenen Feier der Fasnet. Aber gerade die Gestalt des Narren schafft eine Verbindung. Der Narr nimmt ja alles Schwergewichtige aufs Ärmchen. Er erinnert, wie einst der Narr am königlichen Hof, dass nicht das zählt, was Rang und Namen hat. Der Narr zeigt, wie brüchig Werte wie Geld und Macht sind. So können wir uns auf jene Werte besinnen, die dem menschlichen Miteinander dienlich sind wie Mitempfinden und Einfühlung in den andern.

Der Narr zeigt dies aber nicht mit dem moralischen Zeigefinger. Wir lachen über seine Späße und merken irgendwann, dass wir eigentlich über uns selbst lachen, über unsere verkrampfte Anstrengung nach Geltung oder Recht haben wollen. Goethe meinte einmal: „Wer nicht über sich selbst lachen kann, zählt gewiss nicht zu den Besten." Lassen wir uns von den Narren anstecken, auch über uns selbst zu lachen.

„Lachen ist die beste Medizin." Dieses Sprichwort gilt nicht nur für den Fasnetssonntag. Wer über andere lachen kann, entdeckt, dass alles nicht ganz so furchtbar ernst ist, wie es sich gelegentlich darstellt. Ich meine nicht auslachen, das schmerzt, ich meine jenes fröhliche Lachen, das von Herzen kommt.

Noch besser ist es, wenn einer über sich selbst lachen kann. Dann nimmt er sich selbst nicht so wichtig; und wer sich selbst nicht so furchtbar wichtig nimmt, kann sich auch leichter auf andere einstellen. Er kann sich besser einfühlen in andere und so wahre Sympathie zeigen.

Natürlich ist nicht alles zum Lachen. Wenn Mittrauern gefragt ist, kann ich nicht lachen. Manche Menschen haben wirklich nichts zu lachen; das Leben hat ihnen hart mitgespielt. Darum sagt die Bibel: Alles hat seine Zeit, lachen und weinen. Warum ist Lachen dann Medizin?
Rein körperlich entspannt das Lachen. Es erschüttert die inneren Verkrampfungen. Es löst uns, besonders wenn Kinder uns zum

Lachen bringen. Sie sagen direkt heraus, was sie fühlen. Sie verbergen sich nicht hinter Konventionen. Sie filtern nicht aus Rücksicht. Das brauchen sie auch nicht. Sie wollen nicht wehtun, aber sie sagen, was nicht stimmt. Sie merken, wo einer sich aufbläht, sich für furchtbar wichtig hält.

Kinder entdecken unsere Schwächen und bringen uns zum Lachen darüber. So wie Thomas: Er kommt aus der Kirche und der Vater fragt: „Na, was hat der Pfarrer gesagt?“ Darauf Thomas: „Er hat gesagt, die Eltern sollen ihre Kinder nicht so viel fragen, sondern selber in die Kirche kommen.“

Im Grund lachen wir dann über uns selbst. Lachen ist Medizin und verhilft zu einer inneren Fröhlichkeit, die uns körperlich wie seelisch gut tut.

Das gilt auch für Christen. Fromm und fröhlich schließen sich nicht aus. Wer dauernd mit verbissenem Gesicht herumläuft, hat von Gottes Freundlichkeit wenig verstanden. Freilich gilt auch: Wer immer ein frommes Gesicht aufsetzt, kann sehr schnell nicht ins Heilige, sondern ins Scheinheilige abrutschen.

Gott will Menschen, die echt sind und mit beiden Beinen im Leben stehen. Aber weil sie glauben, dass sie auch nach diesem Leben in Gottes Hand bleiben, können sie selbst im Angesicht des Todes fröhlich sein. Ein amerikanischer Theologe sagte: „Das Gelächter ist der Hoffnung letzte Waffe.“ Diese Waffe kann auch der Tod nicht nehmen. Darum wünsche ich allen heute eine „glückselige Fasnet.“

Zerbrechlicher Friede

Weihnachten ist vorbei. Der Alltag hat uns wieder. Die Botschaft von Weihnachten ist verhallt. Der Evangelist Lukas hat mit ihr den Menschen auf Erden **Frieden** gewünscht. Auch der Welttag des Friedens an Neujahr ist vorbei. Papst Franziskus beklagt immer wieder, wie sehr Krieg und Gewalt unsere Welt zerstören, wie viele Kinder vor allem darunter leiden. Ein Skandal im Blick auf das Kind in der Krippe, das wir an Weihnachten feiern.

Wir hier in Deutschland leben seit 1945 ohne Krieg. Das ist wunderbar. Aber wie viele Kriege hat es seither in der Welt gegeben! Nach wie vor werden Unsummen ausgegeben, um Waffen zu produzieren, zu verkaufen und einzusetzen. Was für ein Wahnsinn! Zuerst wird ein Land wie Syrien zerbombt. Anschließend werden wir alle gebeten, es wieder aufzubauen. Mich erinnert das an kleine Kinder, die mit Bauklötzen einen Turm bauen, um ihn dann wieder einzustürzen. Dann fangen sie wieder an aufzubauen. Allerdings werden da weder Menschen umgebracht noch Wohnhäuser zerstört. Warum hat der Mensch einen solchen Hang zu zerstören?
Ein russischer Schriftsteller erzählt, wie er einmal sechs- bis siebenjährige Kinder beim Spiel beobachtet hat. „Was spielt ihr?" hat er sie gefragt. „Wir spielen Krieg", antworteten die Kinder. Darauf der Schriftsteller: „Wie kann man nur Krieg spielen! Ihr wisst doch sicher, wie schlimm Krieg ist. Ihr solltet lieber Frieden spielen." „Das ist eine gute Idee", sagten die Kinder. Dann Schweigen, Beratung, Tuscheln, wieder Schweigen. Da trat ein Kind vor und fragte: „Großväterchen, wie spielt man Frieden?"
Ja, wie spielt man Frieden? Lernen die Kinder das heute? In meiner Kindheit hat man Konflikte oft unterdrückt oder mit Gewalt beendet. Heute lernen Kinder in der Schule, wie man gewaltfrei zu einer Lösung kommt. Das ist ein großer Fortschritt. Ich bin sehr froh an allen Erzieherinnen und Lehrern, die den Kindern helfen, Konflikte ohne Gewalt zu lösen. Auch die Eltern sind da ganz wichtig. Hilft das aber auch politisch für unsere Weltsituation? Für mich beginnt die Friedensarbeit immer im kleinen Bereich der Familie, der Gruppe, der Schule, der Kirche – überall wo Erziehung geleistet wird. Das wirkt sich dann auf die Gesellschaft aus, auf die Politik. Es ist wie mit dem Stein, der einmal ins Wasser geworfen seine Wellen ausbreitet.
Ich habe unlängst eine Broschüre der Friedensbewegung Pax Christi gelesen. In ihr werden 55 Beispiele in der Welt aufgezählt, wo kleine Initiativen begonnen und sich dann ausgebreitet haben. Sie zeigen, dass gewaltfreies Handeln auch politisch wirkt. Ich möchte drei davon aufgreifen.
Erstes Beispiel: Die Friedensgebete in der Leipziger Nikolaikirche breiten sich ab 1981 im ganzen Land aus. Der SED-Regierungschef wird zum Rücktritt gedrängt, es gibt freie Wahlen und schließlich fällt die Mauer. Die erste gewaltfreie Revolution in Deutschland ohne Blutvergießen.

Zweites Beispiel: Fünf israelische Frauen beginnen 2001, die Check-Points zu beobachten, an denen Palästinenserinnen kontrolliert werden. Manche beschimpfen sie als unpatriotisch. Inzwischen gehören einige Hundert Frauen dazu. Sie dokumentieren das Verhalten der Grenzposten und sorgen so für mehr Schutz der Bürgerrechte.
Drittes Beispiel: Christliche und muslimische Frauen haben von 2002 bis 2006 in Liberia Blockaden und Sitzstreiks organisiert. So haben sie die politisch verantwortlichen Männer dazu gebracht, über das Ende eines jahrzehntelangen Bürgerkriegs zu verhandeln. Die erste demokratisch gewählte Frau eines afrikanischen Staates ist dann Staatspräsidentin geworden.
Ich spreche heute in den SWR 4-Sonntagsgedanken darüber, wie wichtig es ist, Frieden zu **lernen**. Als Jesus gefangen genommen wird, zieht Petrus das Schwert und will dazwischen gehen. Jesus sagt zu ihm: „Steck dein Schwert in die Scheide. Wer zum Schwert greift, wird durch das Schwert umkommen.“ Eine einfache Wahrheit! Konflikte können nicht durch Waffengewalt gelöst werden. Die christliche Botschaft lädt stattdessen zur Empathie ein, zum Sich-einfühlen-in-den-andern. Wenn ich mich einfühle in ihn, nehme ich ihm die Angst, sich vor mir verteidigen zu müssen. Ich baue eine Brücke zu ihm. So wird Begegnung möglich.
Das ist nicht einfach, vor allem, wenn eine oder gar beide Seiten verhärtet sind. Es braucht dann Menschen, die wie Udo Lindenberg singend einladen: „Komm, wir ziehen in den Frieden…Wir sind schlafende Riesen. Aber jetzt stehen wir auf. Lass sie ruhig sagen, dass wir Träumer sind. Am Ende werden wir gewinnen. Wir lassen diese Welt nicht untergehen. Komm, wir ziehen in den Frieden.“
Für mich ist es ermutigend, dass manche von einer Welt träumen, in der Menschen sich zu verstehen suchen, obwohl sie ganz verschieden sind. Darum ist es gut, dass es Menschen gibt, die vorwärts träumen wie Udo Lindenberg in seinem Lied „Komm, wir ziehen in den Frieden. Oder wie Martin Luther King mit seinem Friedenstraum „I have a dream“. Die weihnachtliche Friedensbotschaft ist für ihn nicht ein Appell gewesen, der verhallt. Er hat diese Botschaft gelebt. Das Beispiel des Jesus von Nazareth, auch für seine Gegner zu beten, hat Martin Luther King geprägt. So ist er auf die zugegangen, die ihn bekämpft haben. Er hat sie nicht vernichten wollen, sondern gewinnen. Dafür hat er wie Jesus mit seinem Leben bezahlt

Ich wünsche uns allen, dass wir in diesem Jahr 2019 jene einfache Wahrheit leben, die folgende Geschichte zeigt: Sonne und Sturm stritten um die Wette, wer die Kraft habe, einem Wanderer den Mantel abzunehmen. Der Sturm fing mächtig an zu blasen. Der Wanderer hüllte sich fester in seinen Mantel. Der Sturm blies noch kräftiger. Der Wanderer hielt den Mantel fest in seinen Händen. Schließlich gab der Sturm auf. Da kam die Sonne. Sie fing an, kräftig zu scheinen. Dem Wanderer wurde warm und er zog seinen Mantel aus.
Ja: Durch wärmendes Einfühlen in den anderen erreichen wir mehr als durch Gewalt.

Martin von Tours

Am 11.11. ist der Gedenktag des heiligen Martin von Tours. Er ist Patron Frankreichs, er ist auch Patron von Buenos Aires und der Diözese Rottenburg-Stuttgart. Viele Martinskirchen weisen auf ihn hin. Die Martinsumzüge mit dem Reiter und den vielen Lampions haben mich schon als Kind fasziniert. Später habe ich sie als Pfarrer dann selbst organisiert. Wenn wir zum Schluss ums Feuer standen, war es mir wichtig, eine Brezel mit den Kindern zu teilen. Wie Martin den Mantel mit einem Bettler geteilt hat, haben je zwei Kinder eine Brezel geteilt, um so zu spüren, wie schön es ist zu teilen. Ich gebe ab von dem, was ich habe, und empfange die Freude dessen, mit dem ich teile.
Martinus ist im Jahr 397 in seinem Kloster, unweit der französischen Stadt Tours an der Loire, gestorben. Als das Volk ihn zum Bischof wählte, ist er nicht in einen Palast gezogen, sondern in seiner Klosterzelle geblieben. Interessant ist, dass er auf Bildern bis zum 14. Jahrhundert ohne Pferd erscheint, als schlichter Mönchsbischof. Er begegnet dem Bettler auf Augenhöhe, nicht von oben herab. Sein Traum in der folgenden Nacht – so wird berichtet – zeigt ihm Jesus Christus; er ist mit dem Mantelteil bekleidet, den Martin dem Bettler geschenkt hat. „Was ihr einem der Geringsten tut, das habt ihr mir getan“, sagt Jesus im Matthäusevangelium beim letzten Gericht.
Im notleidenden Menschen Jesus Christus selber zu sehen, das ist für mich ein starker Impuls. Manche Menschen verpflichten sich, 2 oder 3 % von ihrem Einkommen mit Notleidenden zu teilen. Das ist

gut. Aber der Traum des Martinus ist viel radikaler: Bin ich bereit, weiter zu gehen beim Teilen, bis zur Hälfte gar? Ich weiß doch, dass das, was ich habe, nicht mein Verdienst ist, sondern etwas von dem, was allen gehört.
Diese Erde mit ihren Gütern gehört uns allen. Aber wie ungerecht sind die Güter in der Welt verteilt: Manche leben im Überfluss, viele haben nicht das Notwendige. Mehr teilen ist da gefragt. Übrigens war Martinus noch kein Christ, als er seinen Mantel teilte. Das sagt mir als Christen, bereit zu sein, mit allen Menschen – ob Christ oder Nichtchrist, bereit zu sein, in unserer Welt für mehr Gerechtigkeit zu sorgen, egal welche Herkunft oder Religion der Andere hat.
Auch vom Bettler wird nicht gesagt, dass er Christ war. Also bin ich gerufen, in jedem Menschen – egal wo er herkommt und was er ist – Jesus Christus zu entdecken. Jeder braucht meine Solidarität. Ich muss nicht alles hergeben, dann kann ich ja nichts mehr teilen. Aber das teilen, was ich habe oder mir immer wieder neu erwerbe.
Ich finde auch schön, dass damals im 4. Jahrhundert die Leute von Tours ihren Bischof wählen konnten. Die Legende sagt, dass Martin sich in einem Gänsestall versteckte, als er merkte, dass die Leute ihn zum Bischof wollten. Aber die Gänse schnatterten laut und verrieten sein Versteck. Deshalb müssen Gänse noch heute am Martinstag in der Bratpfanne enden. Das finde ich nicht so schön, aber diese Legende bewahrheitet einen Satz des Kirchenlehrers Augustinus über die Bischofswahl: Wer für alle da sein will, muss auch von allen gewählt sein.
Als junger Gardesoldat hat Martin seinen Umhang mit einem Bettler geteilt. Dieses Bild hat die katholische Friedensbewegung Pax Christi inspiriert, ihr Jahresthema „Frieden teilen“ zu benennen. Dieses Motto erinnert daran, dass Friede dort wachsen kann, wo wir bereit sind, mit denen zu teilen, die bei uns darauf angewiesen sind. Ich denke an die vielen Flüchtlinge, die aus ihrer Heimat geflohen sind - aus Angst, verfolgt zu werden, oder weil sie dort keine sinnvolle Lebensperspektive haben. In vielen Ländern unserer Erde müssen Menschen flüchten oder eine bessere Lebensmöglichkeit suchen, um ihre Familie zu ernähren. Wir vergessen das oft und fürchten nur, diese Menschen würden uns was wegnehmen. Martinus dagegen fühlt mit dem frierenden Bettler. Er lässt sich in seinem Herzen ansprechen.
Auch bei uns haben manche nicht vergessen, dass sie oder ihre Eltern einmal flüchten mussten. Sie wurden vertrieben. Oder es hat

ihnen dort eine neue Regierung das Leben schwer gemacht. So haben sie keinen anderen Ausweg gesehen, als ihre Heimat aufzugeben. Martinus macht vor, was jetzt wichtig ist: uns einzufühlen und unser Herz zu öffnen für Flüchtlinge.
Dazu lädt die Mantelteilung ein. Denn der Umhang, der dem Soldaten des Nachts als Decke gedient hat, musste zur Hälfte von ihm selbst bezahlt werden, bloß die andere Hälfte trug die Staatskasse. Martin hat also kein Staatseigentum verschenkt, er hat seinen eigenen Teil abgegeben.
Diese spontane Geste des Herzens hat für Martin weitreichende Folgen gehabt. Kaiser Julian droht eine Schlacht gegen die Alemannen in Worms. Vor dem Kampf verteilt der Kaiser Sonderprämien an die Soldaten. Als Martin an die Reihe kommt, lehnt er die Prämie ab und sagt: „Bis heute hab ich dir gedient. Erlaube mir, dass ich jetzt Gott diene. Ich bin ein Soldat Christi. Mir ist nicht mehr erlaubt, mit Waffen zu kämpfen."
Der Kaiser droht ihm zwar keine Strafe an, denn Martins verpflichtende Dienstzeit ist zu Ende. Aber der Kaiser verhöhnt ihn und sagt: „Du hast ja nur Angst vor der Schlacht." Darauf bietet Martin ihm an, allein und ohne Waffen dem Feind entgegen zu gehen, was Martin schließlich auch tut. Das Ergebnis: Die Feinde schicken Gesandte zum Kaiser und bitten um Frieden.
Martinus hat nicht nur den Wehrdienst verweigert; er zeigt auch, dass Friede dort möglich wird, wo wir auf Waffen verzichten und gewaltfreie Wege suchen, um Probleme zu lösen. Stattdessen droht bei uns gerade ein neuer Rüstungswettlauf. Militärische Ausgaben sollen erhöht werden, obwohl wir alle wissen: Waffen lassen zuletzt nur Zerstörung übrig. Mit Recht spricht Papst Franziskus von dem Skandal, wie viel Geld ausgegeben wird, um Waffen zu produzieren, zu verkaufen und sie einzusetzen, statt mit diesem Geld Hunger und Armut zu bekämpfen.

Menschliche fehlerhafte Kirche

Manche leiden an der katholischen Kirche. Sie ist offensichtlich nicht so, wie sie es sich vorstellen. Zwar sind viele angetan von Papst Franziskus, auch Nichtkatholiken. Aber der Streit, ob die Kommunion an evangelische Christen ausgeteilt werden darf oder

nicht, hat in vielen den alten Vorwurf geweckt: Die Amtsträger in der Kirche bleiben hinter dem zurück, was Jesus gewollt hat.
Mich schmerzt das, aber ich bin auch froh, dass manche Bischöfe klar Position bezogen haben und das befürworten, was viele von uns Pfarrern schon seit langem tun: nämlich einzuladen wie Jesus eingeladen hat. Er ist ja auf die zugegangen, die überhaupt nicht damit gerechnet haben. Gerade sie hat er seine Liebe spüren lassen.

Tut das die Kirche heute? Manche reiben sich daran, dass die Kirche aus Menschen besteht, die Fehler haben und manchmal sehr engstirnig sind. Aber gehören nur die zur Kirche, deren Verhalten tadellos ist? Dann könnte ich nicht zu ihr gehören. Wenn Kirche nicht aus Menschen bestehen darf, die fehlerhaft sind, die versagen, die zurückbleiben hinter dem, was sie sich vorgenommen haben, wäre sie unmenschlich. Kirche besteht aus Menschen, die Fehler haben und Fehler machen. Wichtig ist nur, dass sie diese Fehler erkennen, sie eingestehen und bereit sind, die Folgen zu tragen.

Jesus von Nazareth hat nicht ideale Menschen um sich versammelt, sondern solche, die um ihre Begrenztheit wussten – und er ist zu denen gegangen, die versagt haben, auf die man mit dem Finger gezeigt hat. Daran denke ich, wenn ich im Gefängnis Gottesdienst halte. Es ist so leicht, auf die, die versagt haben, mit dem Finger zu zeigen. Gerade ihnen hält Jesus den Spiegel vor und sagt: „Was siehst du den Splitter im Auge deines Bruders, den Balken in deinem eigenen aber siehst du nicht!"
Wohlgemerkt! Jesus rechtfertigt nicht die Tat des Sünders. Aber er gibt dem Sünder, der umkehrt von seinem falschen Weg, neue Hoffnung, neue Lebensmöglichkeit. Er sagt nicht: „Schwamm drüber!" Aber er verdammt den nicht, der seine Tat bereut, der umkehrt und neu anfangen will. Er vergibt ihm, dass er zu sich selbst stehen kann und gut zu machen sucht, was er angerichtet hat. Es ist freilich viel leichter, in der Wunde anderer herumzustochern. Aber so verhindere ich, dass sie geheilt wird.

Mitte der 60er Jahre hat der evangelische Theologe Helmut Thielicke ein Buch veröffentlicht mit dem Titel: „Leiden an der Kirche." Mich hat das damals als jungen katholischen Theologen bewegt. Er sagt, dass es zur Kirche gehört, an ihrer

Unvollkommenheit zu leiden. Das bedeutet nicht, eine schlechte Tat zu rechtfertigen, wohl aber, den Täter im Herzen mitzutragen. Dann darf ich hoffen, dass er sein falsches Verhalten einsieht und bereit ist, die Folgen auf sich zu nehmen.

Der Apostel Paulus sagt in einem Abschnitt des Kolosserbriefes: „Für den Leib Christi, die Kirche, ergänze ich in meinem irdischen Leben das, was an den Leiden Christi noch fehlt“ (Kolosser 1,24). Für Paulus ist menschliche Unzulänglichkeit nicht ein Grund, der Kirche den Rücken zu kehren, sondern sich umso mehr zu engagieren, damit sie besser dem Bild Jesu entspricht. Kirche hat Fehler wie ich sie auch habe, aber genau so hat sie die Chance, mehr Menschlichkeit zu zeigen und barmherziger zu sein.
Dann kann sie auch zur Kraftquelle werden für Menschen, die vom Leid gezeichnet sind. Ich hab das in meiner ersten Gemeinde in Böblingen erlebt. Ein HNO-Arzt war an Kehlkopfkrebs erkrankt – also genau dort, wo er selber viele Menschen behandelt hat. Er hat sein Sterben auch durch dieses Pauluswort annehmen können. Er hat seine Schmerzen sozusagen in die Todesschmerzen Jesu hineingelegt. Auf einmal hat er sich nicht mehr allein gefühlt. Er hat nicht geklagt: „Warum ich?“ Er sah sich als Teil des großen Leibes Christi, zu dem alle Menschen gehören, und so hat er sich mit den andern Leidenden dieser Welt solidarisiert.

Wo Menschen bereit sind, eine Gemeinschaft mitzutragen, auch wenn sie nicht ideal ist, da wird auch das Schlechte verwandelt. Es wird nicht vertuscht oder gar gerechtfertigt. Es wird zum Impuls, gemeinsam dafür zu sorgen, dass es mit dieser Gemeinschaft besser wird. Das gilt nicht nur für die Kirche, sondern für jede Gruppierung, jede Institution. Wo Menschen sind, gibt es immer auch Negatives, gibt es Schatten. Doch Schatten verweisen auf das Licht, und es ist wichtig, an das Licht zu glauben, ohne die Schatten zu übersehen.

Ein Brautpaar gelobt deshalb vor dem Altar, in guten wie in schlechten Zeiten zusammen zu stehen. Darin sehe ich auch einen guten Weg für die Zukunft der Kirche. Je mehr ich einen andern Menschen kennen lerne, desto mehr entdecke ich auch seine Fehler und Schwächen. Wenn ich dann auf ihm herumhacke, nehme ich ihm jeden Mut etwas zu verändern. Spürt er aber mein

Wohlwollen, dann kann sich auch etwas Schmerzliches zum Guten wandeln.

Auferstehung

Als Kinder haben wir am Ostermorgen Eier im Garten suchen dürfen. Der Osterhase habe sie versteckt, wurde uns gesagt. Irgendwann habe ich mich gefragt: Was hat ein Hase mit Eiern zu tun, die doch die Hühner legen? Kinder fragen und Erwachsene wissen manchmal eine Antwort. Damals hat mir niemand **so** geantwortet, dass ich zufrieden gewesen wäre.
Später habe ich dann selber nachgeforscht und eine schöne Antwort gefunden: Der Hase und die Eier sind zwei verschiedene Symbole für neues Leben, für Auferstehung. Das Ei ist ein Symbol der Fruchtbarkeit. Natürlich! Wenn das Huhn es ausbebrütet hat, kommt ein Küken hervor: neues Leben! Und der Hase? Er hat keine Augenlider. Deshalb hat man früher gemeint, er würde nie schlafen, er sei immer wach. Auch ein Zeichen für Leben!
Das ist es, was wir Christen an Ostern feiern: das Leben – und zwar das Leben im Angesicht des Todes. Ich hab das bei meiner ersten Beerdigung vor fast 50 Jahren intensiv gespürt. Der Verstorbene, den ich in einem Stuttgarter Vorort beerdigen musste, ist genauso alt gewesen wie ich: 25 Jahre. Bei einem Autounfall dort, wo die B 27 unter der A 8 durchführt, ist er ums Leben gekommen. Im Trauergespräch habe ich Folgendes erfahren: Als jugendlicher Waise ist er auf Abwege geraten und im Erziehungsheim gelandet. Eine Frau, die die Autowerkstatt ihres verstorbenen Mannes weiterführte, bot ihm Arbeit an. Trotz der eigenen Trauer um ihren Mann sah sie in den Augen des Jugendlichen eine Sehnsucht.
Eines Tages hat sie zu ihm gesagt – zum Entsetzen ihrer Verwandten, wie sie mir gestand: „Ich nehme dich in meine Familie auf, wenn du willst." Sie hatte einen gleichaltrigen Sohn; und der junge Mann hat sich durch die Liebe seiner Pflegemutter aus einem schwer erziehbaren Jugendlichen in einen liebenswürdigen und hilfsbereiten Menschen verwandelt. Er sagte einmal zu ihr: „Zum ersten Mal in meinem Leben durfte ich zu jemand ‚Mama' sagen."
Ein paar Jahre später ist er in eine eigene Wohnung gezogen. Binnen kurzer Zeit war er von seinen Nachbarn geachtet und

geschätzt, weil er überall ein nettes Wort übrig hatte und half, wo er konnte. Kurz danach geschah der Unfall.
Ich habe an seinem Sarg gespürt: jetzt spricht er mich an, er ermutigt mich und die vielen Menschen, die bei seiner Beerdigung da waren. Wir alle haben aus seinem Tod Kraft für unser Leben gespürt. Das ist für mich Ostern: Die Liebe einer Mutter hat aus dem verlorenen Sohn einen liebenswerten Menschen geformt.
Aber hört es sich nicht wie Hohn an, wenn ich an Ostern von neuem Leben spreche und dann an den Nahen und Mittleren Osten denke: an die vielen Menschen, die dort in der letzten Zeit umgekommen sind oder an die, die auf einer abenteuerlichen Flucht sind und um ihr Leben bangen? Außerdem: So viele Waffen werden in unserer Welt produziert, die so vielen Menschen den Tod bringen. Leid über Leid!
Dieses Problem hat auch die beiden Jünger Jesu umgetrieben, von denen Lukas in seinem Evangelium berichtet. Es wird heute in der katholischen Kirche vorgelesen. Enttäuscht und mutlos gehen die Zwei nach dem Tod Jesu von Jerusalem weg in ihr Heimatdorf Emmaus. All ihre Hoffnung auf ein Ende der Besatzung durch die Römer, auf ein Leben in Freiheit ist zerstört. Wieso musste Jesus am Kreuz sterben? Das will nicht in ihren Kopf.
Nun erzählt der Evangelist Lukas, wie ein Wanderer sich zu ihnen gesellt und mit ihnen über ihr Problem spricht. Während des Gesprächs spüren sie, dass sich in ihnen etwas bewegt. Ihr Schmerz möchte sich lösen, aber noch geht es nicht. Dann sitzt der Wanderer mit ihnen zu Tisch und bricht das Brot. Da gehen ihnen die Augen auf und sie erkennen Jesus, er aber entschwindet ihrem Blick.
Es geht in dieser Geschichte um ein doppeltes Sehen: das Sehen der Augen und das Sehen des Herzens. Die Augen sehen das Scheitern Jesu am Kreuz. Das Herz spürt: es gibt eine Kraft, die stärker ist als der Tod, nämlich die Liebe. Sie stirbt nicht. Deshalb sagt Lukas: das Herz der Jünger brennt.
Das will Ostern, dass unser Herz zu brennen beginnt. Solange ich sage: „Ach, da kann ich ja eh nichts machen. Die Welt ist halt, wie sie ist!“ hab ich noch nichts verstanden. Dann brennt auch mein Herz nicht. Wenn mich aber die Not anderer nicht gleichgültig lässt, wenn ich mein Herz öffne, dann wird Leben mitten im Tod spürbar.
Dann schotte ich mich nicht vor Flüchtlingen ab, weil ich um mein Eigenes fürchte. Dann gehe ich ins Flüchtlingsheim und besuche die Menschen. Ich trinke mit den Syrern oder Irakern einen Kaffee

und poliere meine Englischkenntnisse auf. Ich lerne ein paar Worte arabisch und merke, wie ein Lächeln das Gesicht des Fremden verändert. Ich schaue, ob ich was helfen kann und lasse so heimatlose Menschen ein wenig Geborgenheit spüren. Das Schöne daran: Begegnung vertreibt die Angst. Das ist Ostern!
Wenn Christen an Ostern Halleluja singen, machen sie nicht die Augen zu vor dem Leid, das ihnen begegnet. Sie finden durch ihr Singen neuen Mut. Sie müssen angesichts der Not in unserer Welt nicht verzweifeln. Sie gehen kleine Schritte der Hoffnung, und die wünsche ich uns allen.

Das Leid

Ein Wort, das mich heftig provoziert: „Nur der Leidgeprüfte ist bewusst glücklich." Das klingt so, als wäre das Leid nötig, um zum Glück zu gelangen. Dabei wissen wir alle, wie schwer sich Menschen tun, wenn sie plötzlich von einem Leid betroffen sind. Aber auch die tun sich schwer, die einen solchen Menschen trösten wollen. Wie hohl klingen oft solche „tröstlichen" Worte. Betroffene haben da sehr schnell das Gefühl: „Der kann gut reden – und mich hat's erwischt."
Andrerseits ist es schon wahr: Wenn jemand wirklich in der Tiefe war, kann er es viel mehr schätzen, wenn er auf dem Gipfel steht und die Aussicht genießt. Bei Goldenen Hochzeiten spüre ich das, wenn das Jubelpaar mir erzählt, wie sie Höhen und Tiefen miteinander gemeistert haben.
Es ist wichtig, das Leid nicht als Strafe Gottes zu sehen. Was wäre das für ein Gott, der ein Leid über Menschen verhängt! Ich sehe das Leid als eine Herausforderung, nämlich zur Solidarität. „Geteiltes Leid ist halbes Leid", sagt der Volksmund. Es ist zwar nicht leicht, Leid zu teilen. Es macht uns oft so hilflos, eben grad, wenn wir jemand nicht vertrösten, sondern ihm helfen wollen.
Wirklich hilft nicht der, der viele Worte macht. Eine Hand, eine Umarmung, ein stilles Dasein wiegen oft mehr, bis der Leidende dann selber zu sprechen beginnt. Ich brauche ihm dann nur

zuzuhören und ihn zu verstehen suchen. Das ist viel mehr wert als vieles andere.
Vielleicht spürt dann der Leidende, dass sich da ein Weg zeigt mitten im Leid. Er spürt neue Kraft. Vielleicht merkt er sogar, dass Gott das Leid nicht verhängt, sondern auf der Seite der Leidenden steht. Aber er braucht uns dazu. Er lädt uns ein, uns gegenseitig Solidarität spüren zu lassen. Dann merkt auch der Leidgeprüfte eines Tages, was Glück bedeutet und er spürt es viel tiefer als jeder andere.

Christi Himmelfahrt

Das Fest Christi Himmelfahrt ist für viele ein Ausflugstag. Warum auch nicht? Manche begehen den Vatertag. Auch nicht schlecht, wenn es nicht in ein Trinkgelage ausartet. Wo Väter bewusst über ihr Vatersein nachdenken und Kinder ihren Vätern danken, kann es ein guter Anfang sein, vor allem dort, wo die Vater-Kind-Beziehung gestört ist.

In Argentinien habe ich erlebt, dass die entfernt wohnenden Kinder ihren Vätern über alle Radiokanäle Grußbotschaften schicken, oft mit kleinen Poesien geschmückt; sie sagen, was der Papa ihnen bedeutet. Ich fand das sehr schön.
Was aber ist der religiöse Gehalt dieses Festes? Dabei müssen wir uns zuerst eines klar machen: Der Himmel ist nicht oben, sondern dort, wo der Barockdichter Angelus Silesius sagt: „Halt an, wo laufst du hin? Der Himmel ist in dir. Suchst du Gott anderswo, du fehlst ihn für und für.“ Der Himmel ist in uns, weil Christus schon in uns ist. Zugleich sind wir auf dem Weg zum Himmel, zur ewigen Herrlichkeit Gottes.
Was ist der Himmel in uns? Das ist der Ort, wo wir ganz eins sind mit uns selbst. Dann wissen wir auch, was uns gut tut, wo wir uns wohl fühlen und ganz Mensch sind. Nicht zerrissen in Verstand und Gefühl, in Wollen und Können, nicht verstrickt in ein Hin und Her

unserer Gefühle, Bedürfnisse und Leidenschaften. Alles Dunkle, Unbegreifliche, unsere Einsamkeit, unsere Entfremdung hat Jesus Christus hineingeführt in den Bereich Gottes, der nur noch Glück kennt, in den Raum der Liebe Gottes.
Die Himmelfahrt Christi lässt uns Menschen unsere göttliche Würde ahnen. Wir sind nicht bloß Menschen, die sich das Leben zur Hölle machen. Das gibt es natürlich auch. Wir können bald jeden Tag davon in der Zeitung lesen. Was aber die Zeitung oft verschweigt, ist dies: Wir können einander auch den Himmel ahnen lassen, eben dort, wo ein Herz sich dem anderen öffnet, wo einer mich spüren lässt: „Du bist mir wichtig." Dann werden Brücken der Versöhnung gebaut, wo immer Menschen darauf warten.

Ein Engeltag

Hatten Sie schon mal einen Engeltag? Was das ist? Ein Tag, an dem mich etwas Gutes so sanft oder so stark berührt, dass ich wie vom Blitz getroffen bin. „Engel kommen unverhofft", singen die Kinder in meiner Gemeinde. Sie danken mit diesem Lied den Erzieherinnen im Kindergarten, ihren Eltern und allen Menschen, die sie begleiten und sie Gutes spüren lassen. „Da hast du aber einen Schutzengel gehabt", sagen manche, wenn jemand großes Glück hatte und vor einem schlimmen Unfall bewahrt blieb.

Die Sehnsucht nach einem Engel ist groß. Uwe Seidel hat sie in Worte gefasst:
„Manchmal wünsche ich, ein Engel käme
und nähme mich in die Arme,
wenn alle anderen mir die kalte Schulter zeigen.
Manchmal wünsche ich,
ein gutes Wort dringt an mein Ohr,
wenn die schlimmen Nachrichten meine Seele lähmen.
Manchmal wünsche ich einen freundlichen Blick, der mir begegnet,
wenn Blicke mich schneiden und wir aneinander erstarren.

Manchmal wünsche ich mir einen Engel,
der mich an die Hand nimmt und mit einem Händedruck mich spüren lässt:
Ich bin mit dir und für dich."
Wir alle können Engel füreinander sein, Botinnen und Boten einer sanften, aber starken Liebe. Sie ist stärker als alle Gewalt. Sie hat mehr Durchsetzungskraft als Macht und Ellbogen.
Ich wünsche uns einen guten Engel.

Familie an Weihnachten

Sind Sie in einer heilen Familie aufgewachsen? Oder denken Sie mit Graus an Ihre Familie? Und wenn Sie selber eine gegründet haben: Haben Sie ein gutes Gefühl, wenn Sie an Ihre Familie denken oder wird es Ihnen wehmütig ums Herz?

Vielleicht haben Sie an Weihnachten gespürt, wie schön es ist, wenn die ganze Familie mal wieder zusammen ist. Vielleicht aber gab es grad an Weihnachten Probleme oder gar Streit. Es ist ganz schwierig, mit den Gefühlen gut umzugehen, die an Weihnachten wach werden.

Zu keiner anderen Zeit des Jahres sehnen sich die Menschen so sehr nach einer heilen Familie wie an Weihnachten. Zugleich spüren sie, dass es nicht gelingt. Man kann nicht unbeschwert Weihnachten feiern, wenn die Beziehungen nicht stimmen: die Beziehung der Ehepartner, die Beziehung Eltern-Kinder, und dann sind ja oft auch noch Schwiegerkinder oder Großeltern da.

Manche flüchten deshalb vor Weihnachten zuhause und verreisen irgendwohin. Andere versuchen Weihnachten zu feiern, wie es immer schon war, aber alle spüren: Eigentlich geht es so nicht mehr, und plötzlich bricht der ungelöste Konflikt auf – grad am Heiligen Abend – und alle sind traurig oder wütend. Ist es dann nicht wichtig, gerade nach Weihnachten darüber in Ruhe zu sprechen?

An Silvester droht noch einmal Gefahr. Doch da gibt es Knaller und Raketen, die die leisen Gefühle zudecken. Aber auch die lauteste Knallerei kann nicht verbergen, dass manchen Menschen gerade an diesen Tagen das Leben schwer wird, zumal wenn sie eine unglückliche Familiengeschichte mit sich herumschleppen.

Die katholische Kirche feiert am Sonntag nach Weihnachten das Fest der Heiligen Familie. Sie denkt an die Familie von Bethlehem: Josef und Maria, dazu das neugeborene Jesuskind. Sie stellt diese Familie, die dann nach Nazaret zog, gerne als Vorbild für andere Familien dar. Der fleißige Arbeiter Josef, die treu sorgende Mutter Maria und der folgsame Jesusknabe, der aufmerksam und flink die Wünsche der Eltern erfüllt. Ein harmonisches Bild! Manche Weihnachtslieder verstärken diesen Eindruck.
Kommt da nicht der Gedanke: Ach, wäre es doch nur bei uns so schön wie bei denen damals! Aber – stimmt dieser Eindruck? War die Familie von Nazaret solch eine heile Familie?

Die Familie Jesu war ganz und gar keine heile Familie. Das angeblich so idyllische Familienbild ist schlichtweg nicht wahr. Da ist die Geburt im Futterstall. Dann ist die Rede von Verfolgung und Flucht.

Schließlich schildert der Evangelist Lukas eine Szene mit dem 12jährigen Jesus, die Eltern heute noch Angst einjagen kann. Der junge Jesus setzt sich bei einer Wallfahrt nach Jerusalem einfach ab, ohne etwas zu sagen; er geht eigene Wege, diskutiert mit den Schriftgelehrten im Tempel und lässt seine Eltern drei Tage in Unsicherheit. Als sie ihn schließlich aufspüren, zeigt er keine Spur von Reue, sondern sagt noch sehr selbstbewusst: „Warum habt ihr mich gesucht!?“ Seine Mutter durchzuckt diese Frage wie ein Schwert, hat sie doch schon damals kurz nach der Geburt von einem Propheten das Wort gehört: „Auch deine Seele wird ein

Schwert durchdringen.“ Da leidet eine Mutter Todesängste, aber der Herr Sohn geht seine eigenen Wege und versteht überhaupt nicht, dass seine Eltern sich um ihn sorgen.

Eine heile Familie? Mitnichten! Aber gerade so ist sie eine Schule des Lebens. Maria spürt, dass sie ihren Sohn frei geben muss. Sie kann seinen Weg nicht bestimmen. Ihre Cousine Elisabeth hat eine ähnliche Erfahrung gemacht. Deren Sohn Johannes war mit der Tempelfrömmigkeit seines Vaters überhaupt nicht zufrieden. Er ging in die Wüste und führte ein asketisches Leben. Er sammelte noch andere Aussteiger um sich und hatte auch keine Scheu, sich mit der Königin und dem König anzulegen. Prompt kommt er ins Gefängnis und wird schließlich wegen der eifersüchtigen Königin enthauptet.

Auch Jesus sprengt die traditionellen Familienbande mit seiner neuen Gemeinschaft von Jüngerinnen und Jüngern; er bricht in andere Familien ein, indem er seine Gruppe um sich sammelt. Von wegen „heilige“ Familie!

Aber gerade so zeigt er etwas Wesentliches für die Familie heute. Wichtiger als die Verbindung des Blutes ist die des Herzens. Sie respektiert den Andern. Sie lässt ihn gelten, so wie er ist – mit **der** Berufung, die er persönlich in seinem Herzen spürt. Wo eine Familie so die Achtung für jedes einzelne Mitglied aufbringt, wo das Dasein des Andern nicht als Besitz, sondern als Geschenk gesehen wird, dort kann auch durch notwendige Konflikte hindurch etwas wachsen, was wahre Geborgenheit schenkt.

Weihnachten wollte uns keine heile Familie vorgaukeln, sondern eine Familie zeigen, die gerade durch Konflikte hindurch Verständnis füreinander findet. In diesem Sinn können wir zuversichtlich und aufrecht ins Neue Jahr schreiten.

Ein Hilfswerk gegen Malaria

Wussten Sie, dass alle 30 Sekunden ein Kind an Malaria stirbt? Dabei ist Malaria keine unheilbare Krankheit. Ein Medikamentenpaket im Wert von 30 Euro kann 30 malariakranke Kinder heilen. Wer stellt solche Pakete her und verschickt sie?
Das ist die „action medeor“, ein deutsches Medikamenten-Hilfswerk. Seit 53 Jahren verschickt Medeor Medikamente in nunmehr 140 Länder Asiens, Afrikas und Lateinamerikas. Über 1 Million Patienten werden mit Medikamenten versorgt. Auch schwer zugängliche Gesundheitsstationen bekommen, was sie brauchen: Medikamente, Verbandsstoffe, diagnostische Geräte.
Dr. Spagnolli vom Missionskrankenhaus Mutuku in Simbabwe schreibt: „Vielen herzlichen Dank für die große Spende. Die Infusionen brauchen wir ganz dringend. Durch Ihre Spende können wir hunderten Menschen das Leben retten. Heute kostet ein Liter Infusion mehr als drei Monatsgehälter eines Krankenhausmitarbeiters.“
Bischof Michel vom Niger berichtete bei Medeor über die katastrophale Situation seiner Diözese. Seine Gesundheitsstationen müssen 45 000 Menschen betreuen. Auch im Niger ist Malaria die hauptsächliche Todesursache bei Kindern unter 5 Jahren. In Benin, Uganda und Südafrika kämpfen die Menschen mit Hilfe von Medeor gegen Aids.

Hilfswerke wie Medeor müssen sich immer wieder mit dem Vorwurf auseinandersetzen: „Meine Spende kommt ja gar nicht an; zuviel bleibt in der Verwaltung stecken.“ Natürlich muss verwaltet und organisiert werden, und die Menschen, die das tun, müssen ihren Lebensunterhalt auch bestreiten wie andere. Entscheidend ist die Hilfe, die ankommt. 1 Million Menschen ist wenig im Blick auf die Weltbevölkerung. Aber es ist doch eine große Zahl.
Natürlich ist das andere große Problem, der Hunger, dadurch nicht gelöst. Aber Gott sei Dank gibt es dafür auch Werke wie „Brot für die Welt“ oder Misereor. Es ist gut, dass es Menschen gibt, die

solche Werke gegründet haben und sie betreuen. So können andere Menschen würdiger leben und wir dürfen mit unseren Spenden dabei helfen.

Veränderung macht unsicher, gibt aber neue Lebensqualität

Manchen Menschen fällt es schwer, mit Veränderungen zu leben. Sie möchten sich lieber an das halten, was sich bewährt hat, und keine Experimente eingehen. Vor 50 Jahren wurden wir durch die 68er auf Veränderung programmiert. In der katholischen Kirche war wenige Jahre zuvor durch das 2. Vatikanische Konzil ebenfalls Veränderung angesagt. Viele atmeten auf, weil sich endlich was bewegte und frische Luft hereinkam.
Manche empfanden dies als Zugluft und sperrten sich ein. Sie sträubten sich gegen Veränderungen und wollten alles beim Alten lassen. Sie vergaßen die Wahrheit jenes Wortes: „So wie die Felsen nicht zerbrechen, wenn die Wellen an die Küste schlagen, sondern zu schönen Formen geschliffen werden, so kann Veränderung auch unseren Charakter formen und unsere harten Kanten rund polieren."
Für mich ist das ein eindeutiges Ja zur Veränderung. Veränderung ist ein Zeichen von Leben. Wo sich nichts mehr verändert, erstarrt alles. Ohne Veränderung stirbt das Leben. Dennoch haben manche Menschen Angst vor Veränderung. Klar! Ich weiß noch nicht, was kommt. Ich weiß noch nicht, was da mit mir geschieht. Das macht mich unsicher.
Jetzt kann ich zweierlei tun: Entweder ich schotte mich ab und lasse nichts an mich heran. Damit nehme ich mir die Chance, neue Erfahrungen zu machen. Oder ich lasse mich darauf ein, wage etwas und weiß: das Leben braucht Veränderung, sonst stirbt es. Das sehen wir an Pflanzen, an Bäumen. Ständig sind sie in einem Wandlungsprozess. Auch unser menschlicher Organismus lebt von ständiger Verwandlung und Veränderung.

Manches stirbt dabei ab, so wie Blüten verwelken und abfallen. Aber aus der Wurzel kommt die Kraft zu Neuem.
Es ist schön, wenn Menschen Altes zurücklassen können – dankbar dafür, dass es da war, aber zugleich offen für das Neue. Alles Neue verunsichert zunächst, weil es mich anfragt. Aber nur so ist Leben möglich und ich selbst bleibe lebendig.
Dann werde ich spüren – wie es in jenem Spruch heißt - dass die Wellen, die an die Küsten schlagen, Felsen nicht zerbrechen, sondern formen. Ich werde spüren, dass die Veränderung meinen Charakter formt und meine harten Kanten rund poliert. So hilft die Veränderung, dass mein Leben tiefer und deshalb auch glücklicher wird.

Benedikt von Nursia und Papst Johannes XXIII. geben einen Impuls zum Tag

„Heute, nur heute werde ich mich bemühen, den Tag zu leben, ohne die Probleme meines Lebens auf einmal lösen zu wollen." Diese Regel auf dem Weg zur Gelassenheit gab Papst Johannes XXIII. Er strahlte eine tiefe innere Gelassenheit aus. Sie war vermischt mit einer humorvollen Besonnenheit. Als er das 2. Vatikanische Konzil mit seinen tief greifenden Reformen ankündigte, waren viele skeptisch. Es wird berichtet, er habe Luthers Wort verwandelt. Dieser soll auf dem Wormser Reichstag am Ende seiner Rechtfertigung gesagt haben: „Hier stehe ich, ich kann nicht anders, Gott helfe mir."
Papst Johannes soll gesagt haben: „Hier sitze ich, ich kann noch ganz anders, Gott helfe euch." Vielleicht nur ein Witz. Aber selbst wenn er es nicht gesagt hat, so ist es gut erfunden, spricht doch aus diesem Wort eine Gelassenheit, die diesen Mann kennzeichnete: Gelassenheit und Offenheit für das, was der Tag schenkt, damit auch offen für Neues.
Wenn ein alter Mann für solche Neuerungen offen ist, spricht mich das an. Das ist kein gewaltsamer Erneuerer um jeden Preis, nein,

das ist ein Mann, der aus seiner eigenen Mitte heraus lebt und deshalb gelassen die Dinge um sich herum sehen kann.
Der Heilige, dessen Gedenktag heute am 11. Juli ist, wollte auch aus seiner eigenen Mitte heraus leben, Benedikt von Nursia. Als ihn das sittenlose Treiben in Rom anödete, ging er in die Einsamkeit. Später gründete er südlich von Rom auf dem Monte Cassino eine Klostergemeinschaft. Sie wurde zum Zentrum religiöser Kultur. Papst Paul VI. erklärte ihn zum Schutzpatron Europas. Er, Benedikt von Nursia, kann Europa Orientierung geben in seinem Ringen um Einheit. Die Politiker Europas bräuchten sich nur an einen Satz aus der Klosterregel Benedikts halten: „Keiner soll nach dem eigenen Nutzen streben, vielmehr soll jeder auf das bedacht sein, was für den andern gut ist."
Diese Aufforderung Benedikts, verbunden mit der Gelassenheit Johannes XXIII.: „Heute, nur heute werde ich mich bemühen, den Tag zu leben, ohne die Probleme auf einmal lösen zu wollen" – dies ist eine gute Mischung für alle, die sich bemühen, Brücken zwischen Menschen und Völkern zu schlagen, ohne dabei mutlos zu werden und zu resignieren.

Eine ungewöhnliche Aufforderung eines Kirchenmannes weckt Lust am Leben

Augustinus, der berühmte Bischof und Theologe des Altertums, hat ein bemerkenswertes Wort gesagt: „O Mensch, lerne tanzen, sonst können die Engel im Himmel mit dir nichts anfangen." Ungewöhnlich für einen Bischof, so etwas zu sagen!
Ich meine, Augustinus sagt mit diesem Bild Wichtiges über das Leben nach dem Tod und er meint, das Leben im Himmel erschöpft sich nicht in ewiger Langeweile. Es ist auch nicht erstarrte Ruhe, sondern Lebendigkeit.
Natürlich kann kein Mensch sagen, wie das im Letzten sein wird. Unsere Begriffe reichen nicht aus. Deshalb brauchen wir Bilder. Das Bild vom Tanz ist für mich ein schönes Bild. Ich denke an Paare, die

sich im Takt eines schwungvollen Wiener Walzers bewegen. Oder denke ich an den Tango, den die Menschen besonders in Argentinien tanzen. Ich hatte mein Pfarrhaus neben einer Tangoschule. Ich fand es toll, wie schon kleine Kinder tanzen lernten. Bei meiner Verabschiedung tanzten sie dann Tango. Ich war gerührt und bewegt.
Augustinus kannte weder den Wiener Walzer noch den Tango. Ich weiß auch nicht, was man in seiner Zeit, also im 5. Jahrhundert getanzt hat. Aber das Bild des Tanzes spricht: Tanz ist Bewegung, Dynamik, Harmonie – ein Miteinander mit Schwung.
Tanzen begeistert, und Begeisterung hat etwas mit dem Himmel zu tun. Wer begeistert ist, ist erfüllt von Gottes Geist. Er lässt sich begeistern, wenn ein Baby lächelt, wenn er auf eine wunderbare Landschaft blickt oder eine bewegende Musik hört.
Sitze ich zusammen mit begeisterungsfähigen Menschen, gibt es keine Langeweile. Da sprüht das Leben, da ist Frische und Lebendigkeit da. Menschen, die begeistern, reißen mit, so wie der Tanz uns lebendig macht, und das weckt die Lust am Leben. Für mich ist das ein Vorgeschmack für den Himmel.

Auch ein kinderloses Ehepaar kann befruchtend wirken

Ein Ehepaar kann sehr heftig darunter leiden, wenn es keine Kinder bekommen kann. Die Ehe der beiden Persönlichkeiten, an die ich heute denke, blieb zu ihrem großen Schmerz auch kinderlos. Umso mehr setzten sie sich in ihrem Amt für das Wohl der Menschen ein.
Wer Bamberg besucht, wird auch in den Dom gehen und dann an ihrem Grabmal stehen. Seite an Seite sind sie bestattet: Kaiser Heinrich II. und Kaiserin Kunigunde.
In einem politischen Amt heilig gesprochen zu werden, ist nicht vielen vergönnt. Ich denke, Heinrich und Kunigunde haben diese Ehre zu Recht erhalten. Von Bischof Wolfgang von Regensburg geleitet und geführt, wuchs Heinrich, der letzte der sächsischen Ottonen, in sein Amt hinein. Er wurde ein echter Volksherrscher.

Bauern und Bürger atmeten nach Jahren der Knechtschaft auf, weil Heinrich Rechtsbruch und Verletzung des Landfriedens unerbittlich bestrafte. Er setzte zahlreiche Bischöfe ein, die die kirchlichen Missstände reformierten. Diesen Reformeifer verdankte er seinem geistlichen Vater, Bischof Wolfgang. Heinrichs kirchliche Tätigkeit wurde auch vom Papst geachtet, deshalb reiste Benedikt VIII. zur Kaiserkrönung eigens über die Alpen nach Bamberg.
Kunigunde, seine Frau, stammte aus Luxemburg. Sie nahm starken Anteil an der Regierung. Da beide keine leiblichen Erben hatten, erwählten sie – nach ihren eigenen Worten – „Christus zum Erben". Denn ihm begegneten sie in ihren Mitmenschen, besonders in denen, die in Not waren.
Was mir besonders gefällt: Heinrich hat einmal dem greisen Erzbischof Heribert von Köln Unrecht getan. Als der Herrscher dies erkannte, bat er Heribert kniend um Abbitte. Er war sich nicht zu stolz dafür. Er rechtfertigte auch sein Verhalten nicht durch alle möglichen Ausflüchte. Er stand zu seiner Schuld.
Als Heinrich 1024 starb, zog sich Kunigunde in ein Kloster zurück, um dort zu wirken. Der Schmerz der Kinderlosigkeit hat sie nicht abgehalten, umso fruchtbarer im öffentlichen wie im zurückgezogenen Leben tätig zu sein.

Macht und Machtmissbrauch

Macht ist eine zwiespältige Sache. In unserer Gesellschaft haben die Einen Macht über die Andern. Sind die Mächtigen sich ihrer Verantwortung bewusst, ist es gut. Missbrauchen sie ihre Macht, wird es schlimm.
Macht an sich ist nichts Negatives. Es gibt keine vernünftige Gesellschaft, in der nicht Macht ausgeübt wird. Aber die Macht soll helfen, dass ein Gemeinwesen funktioniert. Macht kann sich diktatorisch gebärden, dann leben die Menschen in Furcht und Schrecken – auch jene, die die Macht haben. Wenn dagegen Macht dem Gemeinwohl dient, ist es gut.
Macht muss immer mit Dienst verbunden sein. Wer andere führen will und so Macht über sie ausübt, der muss dem Leben dienen und so dem Leben helfen sich zu entfalten. Eltern üben in gewissem Sinn Macht über die Kinder aus, wenn sie ihnen Grenzen aufzeigen. Aber sie tun es nicht, um das Leben der Kinder zu beschneiden, sondern um es gut zu entfalten. Wenn Macht sich auf Kosten anderer gebärdet, hat sie eigentlich schon verspielt.
Freilich wird jeden Tag überall auf der Welt Macht missbraucht. Vieles davon erfahren wir gar nicht. Machtmissbrauch beginnt schon dort, wo einer dem andern etwas aufzwingen will – und sei es noch so gut gemeint – wo einer den andern nicht respektiert, sich nicht einfühlt in ihn. Ich kann bereits dort Macht missbrauchen, wo ich es gar nicht bewusst tue, aber einfach den andern Menschen spüren lasse, dass ich ihn anders haben will.

Wenn man zu mir als Kind sagte: Das verstehst du nicht, dazu bist du noch zu klein – habe ich mich geärgert und gedacht: Ihr seid bloß zu doof, mir das richtig zu erklären. Im Grunde macht da der Große den Kleinen nieder statt ihm zu helfen beim Wachsen und Verstehen.
Dagegen hab ich ein frühes Kindheitsbild in Erinnerung, das mein Bruder fotografiert hat: Ich stehe mit meinem Vater an einem Busch

in unserem Vorgarten und mein Vater erklärt mir, dass die wunderschönen Beeren nicht essbar, sondern sogar giftig sind. Er beugt sich liebevoll herab und zeigt mir den Sachverhalt, und weil ich ein Bleyle-Anzügle anhabe, weiß ich, dass es ein Sonntagvormittag nach dem Kirchgang war. Ich sehe noch heute diese liebevolle Art meines Papas, wie er sein Wissen, seine Macht in meinen Dienst gestellt hat. Wenn ich heute die roten Vogelbeeren sehe, ist mir dieses Ereignis von damals noch lebhaft vor Augen.

Im Evangelium, das heute in den katholischen Gottesdiensten verkündet wird (Markus 10,35-45), geht es um den Missbrauch der Macht. Zwei Jünger Jesu wollen nach ihrem Tod im Himmel Ehrenplätze haben. Sie sind sogar bereit, dafür Leiden und einen gewaltsamen Tod auf sich zu nehmen. Tatsächlich waren sie zu dem Zeitpunkt, da das Evangelium geschrieben wurde, bereits als Märtyrer gestorben.
Die andern Jünger ärgern sich über diesen Wunsch ihrer Kollegen. Jesus nimmt das zum Anlass, über Macht und Machtmissbrauch zu sprechen und folgert: Bei euch soll es nicht so sein wie bei jenen Herrschern, die ihre Völker unterdrücken, in die Knie zwingen, klein halten. Sondern: Wer groß sein will, soll dienen. Wer der Erste sein will, soll sich zum Letzten machen – bereit, auch den geringsten Dienst für einen andern zu tun.
Ist das realistisch? Wenn eine Gemeinschaft gedeihen soll, müssen alle einen Blick füreinander haben – und gerade die, die von andern gewählt werden und Verantwortung übernehmen.
Aber sie brauchen auch die Unterstützung der Andern. Wer nur auf „die oben“ schimpft und selbst nichts tut, macht es sich zu einfach. Aber auch die, die Macht ausüben, müssen sich selber gegenüber kritisch bleiben und aufpassen, dass sie ihre Macht nicht missbrauchen.
In der heutigen Gesellschaft mit ihren Verflechtungen ist es gar nicht so einfach, im Dienst der Macht korrekt und ehrlich zu bleiben. Versuchungen lauern an allen Ecken: So ist es viel einfacher, eine Diskussion abzuwürgen als sich ihr zu stellen. Es ist viel einfacher, mit einem Vorsprung an Wissen den Kritiker zu überrumpeln als ihn

ernst zu nehmen. Wir brauchen da nur an strittige Themen in der Wirtschaft zu denken oder an eine gesunde Zukunftsplanung. Und weil fast immer auch Geld im Spiel ist, ist die Versuchung da, mehr haben zu wollen als mir zusteht und so auf Kosten anderer zu leben.
Es ist nicht leicht, Verantwortung zu übernehmen. Kaum findet man den Beifall aller. Aber es ist wichtig, dass es Menschen gibt, die Macht und Verantwortung übernehmen. Dies kommt dann dem einzelnen Menschen zugute, und ein Gemeinwohl kann sich positiv entfalten.
Ebenso bleibt das Wort Jesu gültig: Wer herrschen will, soll dienen – einer dem andern. Dann entwickeln wir eine gute Zukunft.

Eine berührende Ostergeschichte

Bei einem meiner Besuche im Krankenhaus beklagte sich ein Patient darüber, warum Gott es zulasse, dass Kinder behindert auf die Welt kämen. Gott könne doch alles. Warum verhindere er dies nicht?

Wer hat noch nicht so oder ähnlich gedacht. Es ist ganz einfach bedrückend, dass es soviel Leid gibt in unserer Welt – und wir stehen hilflos daneben. Sei es eine Naturkatastrophe oder eine unheilbare Krankheit des Ehepartners. Vollends wenn Kinder sterben, sind wir am Ende unserer Weisheit.

Zwei Jünger Jesu sind auch am Ende ihrer Weisheit. Der Evangelist Lukas berichtet davon. Zwei Tage nach dem Tod Jesu wandern sie von Jerusalem nach Emmaus. Es liegt zwei Wegstunden entfernt.

Sie lassen die Köpfe hängen. Haben sie doch gehofft, Jesus von Nazareth werde das ersehnte Reich der Gerechtigkeit bringen! Seine Botschaft hatte sie fasziniert; die Wunderzeichen, die er tat, waren für sie der Anbruch der neuen Welt – einer Welt, in der es kein Unrecht mehr gibt, kein Leid – und jetzt war der ganze Traum wie eine Seifenblase geplatzt. Nichts mehr war davon übrig. Das Kreuz, an dem Jesus gestorben war, hatte alle Pläne von einem besseren und gerechteren Leben zunichte gemacht.

Während sie so vor sich hintappen, kommt ein Wanderer des Wegs und gesellt sich zu ihnen. Sie spüren seine Sympathie, sein Mitfühlen und erzählen ihm ihre Not. Er versteht sie und versucht ihnen klarzumachen, dass das Leid kein Beweis gegen Gott ist. Gott stehe gerade auf der Seite der Leidenden. Deshalb sei Jesus seinen Weg bis zum bitteren Ende gegangen. Die heiligen Schriften sprächen davon.

So versucht der Wanderer, den beiden Männern klar zu machen, dass das Leid für Jesus kein Unglück war, sondern die Konsequenz seines Weges. Aber dies passt überhaupt nicht in ihren Horizont – und wer könnte sie nicht verstehen!? Wer möchte nicht auch eine Welt, die frei ist von Leid. Dass das erlittene und durchgetragene Leid einen Sinn haben könnte, das einzusehen kann ein sehr schmerzlicher Prozess sein.

Die Zwei Jünger spüren tief in ihrem Herzen, dass dieser Wanderer kein x-beliebiger ist, aber sie sind noch im Unklaren. Als sie schließlich in dem Dorf Emmaus ankommen, bitten sie ihn mit einzukehren. Es ist Abend geworden und sie setzen sich zu Tisch. Der fremde Wanderer nimmt das Brot, bricht es und teilt es ihnen aus. Da fällt es wie Schuppen von ihren Augen: „Es ist der Herr!“ Und plötzlich sehen sie ihn nicht mehr. Sofort machen sie sich auf und eilen nach Jerusalem. Dort treffen sie die andern Jünger, und auch die sind erregt und rufen ihnen zu: „Wir haben den Herrn gesehen!“ Dann erzählen sie, wie es ihnen erging.

Der Evangelist Lukas hat mir mit dieser Geschichte etwas Entscheidendes deutlich gemacht: Wie kann ich mir den Auferstandenen vorstellen? Zuerst sehen ihn die Emmausjünger, aber erkennen ihn nicht. Dann erkennen sie ihn, sehen ihn aber nicht mehr.
Damit sagt Lukas: Der Auferstandene ist kein wiederbelebter Leichnam oder einer, der nur scheintot war. Deshalb verschwindet er wieder. Er ist aber auch kein rein geistiges Wesen, eine Idee, etwas, was als Erinnerungsrest im Gedächtnis bleibt. Deshalb begegnet er ihnen leibhaft. Es geht Lukas um eine neue Art zu sehen.

Der französische Schriftsteller Saint-Exupéry hat das in seinem Werk „Der kleine Prinz" so ausgedrückt: „Man sieht nur mit dem Herzen gut; das Wesentliche ist den Augen unsichtbar." Die Emmausjünger sagen ja auch: „Brannte uns nicht das Herz, als er mit uns redete?" Das brennende Herz ist nichts anderes als die Liebe. Sie erkennt den Auferstandenen dort, wo sie seine froh machende Botschaft hört, wo sie das Brot teilt mit den anderen, wo sie im Armen und Leidenden Christus erkennt. Dort kann sie auch dem Leid Stand halten, dort kann sie solidarisch werden mit dem, der vom Leid betroffen ist. Dann beginnt hinter dem dunklen Horizont die österliche Morgenröte.

Allerheiligen

Für viele Menschen ein trauriger Tag! Sie besuchen die Gräber ihrer lieben Verstorbenen, zünden eine Kerze an und denken an die kostbaren Momente, die sie miteinander geteilt haben. Bei manchem ist die Wunde noch frisch, kaum verheilt und unversehens fängt sie wieder an zu bluten. Besonders tief ist der Schmerz bei Eltern, die ihr Kind beerdigen mussten. Noch immer können sie es nicht fassen, dass ihr Kind nicht mehr fröhlich singend zur Tür hereinkommt. Das Haus ist so leer geworden und die Wunde will einfach nicht heilen.

Darum lädt dieser Tag zur Solidarität ein, zur Solidarität mit denen, die trauern. Natürlich kann ich die Trauer einem andern Menschen nicht abnehmen, aber ich kann ihm meine Verbundenheit zeigen. Christen dürfen darüber hinaus die Gewissheit haben, dass der Tod nicht das Letzte ist. Deshalb steht auf vielen Gräbern ein Kreuz. Es erinnert an Jesus von Nazareth; er ist nach christlicher Überzeugung durch den Tod hindurch ins neue Leben gegangen – in jenes Leben, das keinen Tod mehr kennt. Er macht uns auch gewiss, dass unsere Verstorbenen nicht tot sind, sondern lebendig in neuer Form, nicht mehr gebunden an Raum und Zeit.

Deshalb können manche die Gegenwart ihres Verstorbenen spüren, wie mir eine Witwe sagte: „Ich spüre meinen Mann, hier bei mir; ich spreche mit ihm, ich schimpfe auch manchmal mit ihm. Er hat es ja gut bei Gott, und ich muss mich noch abdackeln hier. Aber dann spüre ich auch wieder, dass er mich ermutigt, ich spüre seine Kraft in mir und ich weiß, dass wir eines Tages für immer vereint sein werden."
Ich finde es schön, wenn ein Mensch diese Gewissheit hat. Natürlich kenne ich auch andere, die gar nichts spüren. Aber vielleicht werden sie es eines Tages auch spüren, dass ihr Verstorbener ihnen nahe ist. Ich bin sicher: Die Dankbarkeit für das Leben eines Mitmenschen bringt ihn uns auch näher. Denn die Dankbarkeit entspringt der Liebe und die Liebe bringt auch das Unmögliche fertig.

Allerheiligen hat noch einen anderen Aspekt, nämlich die Heiligen. Im Gottesdienst am Vormittag denken die Mitfeiernden nicht nur an die bekannten und berühmten Heiligen. Sie haben ja alle einen eigenen Gedenktag wie Hildegard von Bingen oder Franz von Assisi, wie Elisabeth von Thüringen oder Wolfgang von Pfullingen, dessen Gedenktag gestern war.

Heute denken wir an die vielen unbekannten Heiligen, jene unzählbare Schar, die im letzten Buch der Bibel genannt sind. Der Verfasser dieses Buches sieht in seiner Vision zunächst aus den 12 Stämmen Jakobs je 12000 Erwählte, eine symbolische Zahl der Fülle des ersten Gottesvolkes Israel.
Danach sagt er: „Ich sah eine unzählbare Menge aus jeder Nation, jeder Rasse und Sprache, die vor dem Thron und dem Lamm standen. Sie waren weiß gekleidet und trugen Palmen in ihren Händen." Damit meint der Verfasser jene Heiligen, die vor dem Thron Gottes stehen. Dieser unzählbare Strom der Menschen ist von der Liebe Gottes erfüllt; deshalb das weiße Gewand. Das Lamm, von dem er spricht, ist Jesus Christus, der sein Leben aus Liebe für die Menschen hingegeben hat wie ein Lamm, das geschlachtet wird.

Darum denke ich an Allerheiligen gern an die, die für mich ein Bild der Liebe Gottes geworden sind und die ich schon beerdigt habe. Ich habe an ihnen das gespürt, was für mich einen Heiligen ausmacht: nicht dass er schon auf Erden mit einem Heiligenschein herumläuft und mehr scheinheilig ist als heilig. Nein, ich denke an den, der etwas von der Liebe Gottes für mich durchscheinen ließ, z.B. durch die Offenheit, mit der er mir begegnete, durch sein Engagement für den Mitmenschen, durch seine Liebenswürdigkeit. An solche Menschen denke ich gern, weil sie mir Mut zum Leben machen.

Jesus sagt von ihnen: „Selig ihr Armen im Geiste; euch gehört das Himmelreich." Damit meint er die, die nicht angeben mit dem, was sie in Händen haben, was sie geschafft und erworben haben. Nein, die sind gemeint, die offene Hände und ein weites Herz haben. Jene Menschen sind gemeint, die unserem Leben Licht und Farbe gaben. In bestimmten schwierigen Situationen waren sie einfach da. Sie haben vielleicht gar nicht viele Worte gesagt. Sie haben uns einfach in den Arm genommen, und der düstere Horizont vor uns ließ einen Sonnenstrahl hindurch.

Neue Wege ausprobieren

Manche Menschen sind experimentierfreudig. Sie probieren gern etwas Neues aus. Ein Hauch von Abenteuerlust geht von ihnen aus. In ihrer Nähe spüre ich einen frischen Wind.
Andere Menschen kleben am Bisherigen. Sie sind misstrauisch gegenüber Neuem. „Das haben wir schon 100 mal probiert, das geht nicht“, sagen sie. In ihrer Nähe werde ich eher mutlos. Ein Hauch von Resignation geht von ihnen aus.

Ich fand folgendes Wort: „Lieber auf neuen Wegen stolpern als in alten Bahnen auf der Stelle treten.“ Unser Leben braucht den Wandel, braucht die Veränderung. Wenn wir uns ständig in alten Bahnen bewegen, erstarren wir. Das gilt für die Kirche wie für die Politik, für die Schule wie den Verein. Natürlich brauchen wir bestimmte Regeln, an die wir uns im Ernstfall halten können. Aber wenn Regeln einhalten wichtiger wird als den Menschen zu sehen, wird es kritisch, ja unmenschlich.

Natürlich ist es gut, auf Bewährtes zurückzugreifen. Das gibt Halt, es gibt auch Rückendeckung. Dann aber ist es wichtig, neue Wege zu erproben, selbst wenn sie ungewohnt sind. Wir werden dabei nicht von allen verstanden, von manchen sogar abgelehnt. Aber wir sind dem Leben auf der Spur, denn dieses verweilt nicht beim Gestern, nein, es liebt das Heute und macht sich auf den Weg zum Morgen.
Wenn wir neue Wege ausprobieren, kann es sein, dass wir stolpern, vielleicht sogar hinfallen. Das gehört zu einem neuen Weg. Aber dann stehen wir wieder auf, weil wir spüren: nur so bleibt das Leben spannend und nur so werden wir dem Leben gerecht. Denn das Leben braucht Veränderung, das Leben will sich wandeln. Es ist wie bei einer Pflanze; sie bleibt nie stehen, sie entwickelt sich ständig. Wenn sie sich nicht mehr wandelt, ist sie tot.

Natürlich lösen neue Wege auch Unsicherheit, ja Angst aus. Wird der Weg steinig, ja unpassierbar? Müssen wir vielleicht sogar umkehren? Was wird mir auf diesem Weg begegnen? Wie komme ich damit zurecht? Das sind alles verständliche Fragen. Aber wer sich ihnen stellt, wird in jedem fall gewinnen – getreu dem alten Sprichwort: „Wer wagt, gewinnt."

Eltern trauern gemeinsam um ein Kind

Ich hatte einen Kreis mit Eltern, die um ein Kind trauern. Durch einen Unglücksfall oder durch eine Krankheit ist es im jungen Alter gestorben. Für Eltern ist es das Schlimmste, am Grab ihres Kindes stehen zu müssen. All ihre Hoffnungen, die sie mit dem Kind hatten, sind mit ihm ins Grab gesunken. Sie können es nicht fassen: Warum ist das passiert? Warum konnten wir nicht helfen?

Es ist nicht nur der Verlust, es ist auch die Hilflosigkeit, die quält – dass wir das nicht verhindern konnten. In unserer Not fragen wir, rufen wir, ja schreien wir nach Gott. Wir wollen eine greifbare Antwort und tasten ins Leere.

Wir kennen Verlegenheitsworte wie: „Wen die Götter lieben, den lassen sie jung sterben." Oder: „Was ist diesem Kind alles erspart geblieben!" Natürlich, aber das ist doch keine Antwort, die uns tröstet.
Ich denke, es gibt hier auch keine tröstende Antwort, aber es gibt eines: die Solidarität im Leiden, das Mitgefühl, die Anteilnahme. Einer Frau, deren Kind nach der Geburt starb, kann ich nur sagen: „Auch ich verstehe das nicht, aber ich lasse dich nicht allein." Ob das gemeinsam durchgetragene Leid uns dann einen Weg weist, wird sich zeigen – hoffentlich.

Wir dürfen darauf vertrauen, dass Gott auf der Seite der Leidenden steht. Der Ruf Jesu am Kreuz „Warum hast du mich verlassen?“ bleibt unbeantwortet. Aber Jesus konnte auch sagen: „In deine Hände empfehle ich meinen Geist.“ Im Dunkel unseres Lebensweges, dort, wo die Fragen keine Antwort finden, gibt es das Vertrauen, dass auch dieses Rätsel des Lebens sich einmal auflöst. Das ist christliche Hoffnung – gewiss, aber zuvor braucht es die Hand, die den andern Menschen spüren lässt: „Ich lasse dich nicht allein.“

Der Stuhl Petri

Der 22. Februar ist ein seltsamer Tag. Die katholische Kirche feiert an ihm die „Kathedra Petri“, also den Stuhl des Apostels Petrus. Wie kann man einen Stuhl feiern?
Der Hintergrund ist ein alter römischer Brauch. Man feierte in dieser Februarzeit die Erinnerung an die Verstorbenen. Bei dieser Feier wurde ein leerer Stuhl aufgestellt, auf den man symbolisch den Verstorbenen setzte. Man stellte auch Speisen für ihn bereit.
Die Christengemeinde in Rom übernahm diesen Brauch, als der Apostel Petrus gestorben war. Später verschwand dann der Brauch des Totenmahles. Der Stuhl des Petrus wandelte sich zum Symbol des Lehramtes. So wird er auch heute noch verstanden.

Manche tun sich schwer damit, besonders evangelische und orthodoxe Christen. Sie schauen auf die negativen Auswirkungen dieses Lehramtes und denken an die, die schon Einiges erdulden mussten durch den „Stuhl Petri“ oder denen die Lehrerlaubnis entzogen wurde.

Andere sind dankbar für das erste Rundschreiben von Papst Benedikt XVI.: „Gott ist die Liebe“. Das war nicht nur der Titel seiner ersten Enzyklika, es ist ein Zitat aus dem 1. Johannesbrief im Neuen Testament. Es besagt, dass der Gott der Bibel nicht ein namenloses höheres Wesen ist oder eine Kraft in der Natur und schon gar nicht eine Instanz, die darüber wacht, dass wir keinen Fehltritt tun.

„Gott ist die Liebe“, das heißt: er ist ein Du, das zu uns spricht und wir können zu ihm sprechen, weil er in unserem Innersten anwesend ist. Manche sagen: „Ich spüre nichts.“ Erst wenn wir die Beziehung pflegen, können wir etwas spüren. Das ist wie mit einer Freundschaft: Wenn ich sie nicht pflege, spüre ich nichts.

Aber die Liebe Gottes ist nicht nur eine Sache des Gefühls. Liebe will konkret Gerechtigkeit unter uns Menschen. Liebe möchte, dass jedem das zukommt, was er braucht zu einer menschenwürdigen Entfaltung seines Lebens.
Ist das nicht eine unmögliche Aufgabe? Gewiss, aber Gottes Liebe vermag das Unmögliche, wenn wir uns ihr anvertrauen. Wir werden nicht die ganze Welt gerecht machen. Vielleicht bringen wir äußerlich gesehen nur wenig fertig. Trotzdem glaube ich, dass der Satz stimmt: „Wenn einer träumt, bleibt er allein; wenn zwei träumen, ist das der Anfang einer neuen Wirklichkeit.“

Der „Schmotzige“

Vielerorts wird am Donnerstag vor Fasnet das Rathaus gestürmt. Vor allem dort, wo die alemannische Fasnet zuhause ist, werden die männlichen Bürgermeister abgesetzt; Frauen übernehmen das Regiment. Dahinter steckt der Wunsch nach Umkehr. Die, die oben sind, sollen auch mal unten sein und umgekehrt.

Das ist eine Botschaft, die nicht nur heute am „schmotziga Dohstich“ gilt. Jesus hat einmal seinen Jüngern gesagt: „Bei euch soll es nicht so sein“, dass die einen über die andern herrschen. Die Jüngerinnen und Jüngern Jesu erkennt man vielmehr daran, dass einer dem andern dient. Gilt das für uns heute?

Natürlich sprechen wir da und dort vom Dienen. Wir sagen z.B.: Der dient dem Staat oder der Kirche. Manchmal hat man das Gefühl, dass sich dieses Dienen sehr schnell in Herrschen verwandeln kann. Die Versuchung ist groß, Macht zu missbrauchen und andere zu beherrschen. Das gibt es in der Familie wie in der Partnerschaft, in der Gesellschaft wie in der Kirche.

Darum ist es gut, einen Tag wie den heutigen zum Anlass zu nehmen, die Dinge einmal umzudrehen. Wir können uns daran erinnern, dass es zwischen uns Menschen kein Oben und Unten geben soll, sondern ein Miteinander. Wo dies unter uns bewusster gelebt und erfahren wird, lösen sich manche Konflikte auf oder verlieren zumindest an Schärfe.

„Wir sitzen alle im selben Boot", sagen wir manchmal. Auch wenn es in diesem Boot verschiedene Aufgaben gibt, ist jeder einzelne doch wichtig, ob Kapitän oder Matrose. Wo alle sich dessen bewusst sind, gibt es einen guten Mannschaftsgeist und das Boot wird sicher seinem Ziel entgegensteuern.

Falscher Mut

Eine Maus, eine ganz gewöhnliche Hausmaus, kam an einem schönen Morgen - wie schon so oft – in den Keller. Diesmal fand sie eine Pfütze vor. Es war eine Pfütze aus bestem Wein. Das Fass war nicht richtig verschlossen und so war die Pfütze entstanden. Die Maus leckte davon und der Wein schmeckte ihr. Als sie die Pfütze aufgeleckt hatte, richtete sich die Maus auf. Sie warf sich in die Brust, machte ein verwegenes Gesicht und rief: „Wo ist die Katze?"

Der Alkohol hatte ihr Mut gemacht – freilich einen falschen Mut. Denn ihr Sinn wurde getrübt, die Aufmerksamkeit ließ nach und so hatte die Katze ein leichtes Spiel.

Auch Menschen können sich wie diese Maus gebärden. Sie erzählen am Stammtisch mit großen Worten, wie sie's dem Chef heimzahlen werden. Sitzen sie ihm dann gegenüber, werden sie ganz kleinlaut.

Mich fasziniert immer wieder, wie Menschen in der Nähe von Jesus plötzlich echt werden. Die Bibel erzählt davon. Diese Menschen spielen sich nicht auf, geben nicht vor, Wunder was zu sein. Sie merken vielmehr: Vor ihm dürfen sie so sein wie sie sind – ohne alle Wichtigtuerei, ohne Verstellung – einfach echt. Sie müssen sich keinen Mut antrinken, sie brauchen keine Rolle zu spielen. Sie dürfen sich so geben wie sie sich fühlen.

Ich denke, das gilt auch für uns heute. Deshalb bin ich dankbar, wenn ich Menschen begegne, die mich so nehmen wie ich bin. Sie wollen nicht alles Mögliche an mir ändern. Manch einer verlangt nur deshalb, dass ich mich ändere, weil er sich selbst ändern sollte. Er gesteht sich das aber nicht ein und sucht deshalb ein Opfer.

Jesus hat gezeigt, was tolerant und menschlich ist: ich darf so sein wie ich bin, und ich kann den Andern gelten lassen wie er ist – gerade auch, wenn er anders ist als ich. Ich denke da besonders an die Ausländer bei uns. Wenn ich den Anderen gelten lasse, können wir uns sogar gegenseitig bereichern.

Bei mir sein

Wenn ich einen stressigen Tag gehabt habe, dann tut mir dieses Wort gut: „Nimm dir Zeit! Täglich eine halbe Stunde Ruhe und Entspannung ist absolut notwendig, außer wenn man sehr beschäftigt ist. Dann – braucht man eine ganze Stunde.“

Ich merke an mir: Wenn sich die Termine überschlagen, bin ich schnell in Gefahr, nervös zu werden oder gereizt zu reagieren. Das ist ja auch verständlich! Die Seele muss soviel an Eindrücken verarbeiten – und das geht nicht auf Knopfdruck. Dazu braucht es Ruhe und Entspannung.

Das scheint nicht modern zu sein. Es **ist** doch **in**, von einem Event zum andern zu eilen. Bereits Kinder sind oft so verplant, dass sie mit hängender Zunge zum nächsten Termin eilen. Dass ein Kind mit seinen Spielsachen in einem Eck sitzt und anhand von Bauklötzen eine ganze Welt entstehen lässt, das scheint von gestern zu sein.
Aber es ist so wichtig. Warum? Weil wir nur so bei uns sind. Karl Valentin, der bayrische Kabarettist, sagte einmal: „Heute Abend will ich mich besuchen; mal sehen, ob ich zuhause bin.“ Ein Mensch, der nicht bei sich ist, ist schnell außer sich. Wer es nicht gelernt hat, sich mit sich selbst zu beschäftigen, verkümmert schnell in der Langeweile. Er wird dann aggressiv oder depressiv. Damit aber das Leben gelingt, muss ein Mensch mit sich im Reinen sein. Das kann er nur werden, wenn er sich Ruhe gönnt, ohne dauernd zu überlegen, was er jetzt tun könnte.

Wer sich Ruhe gönnt, der kann auch wieder loslegen und wird fertig bringen, was ihm vorher unlösbar schien.

Zur Freude werden

Der französische Schriftsteller Saint-Exupéry sagte einmal: „Die schönste Freude erlebt man immer da, wo man sie am wenigsten erwartet."

Ich denke an eine Begegnung mit jemand, der mir auf den ersten Augenblick hin unsympathisch war. Etwas störte mich an ihm und ich wusste nicht was. Dann spürte ich: Eigentlich wäre es ganz interessant, ihn näher kennen zu lernen, aber irgendetwas schreckte mich ab. Er schien mir auch arrogant zu sein und so war mir klar: da wird nichts.
Als ich ihn ein zweites Mal traf, kam er auf mich zu und sagte: „Ihre letzte Predigt hat mich nachdenklich gemacht." Auf einmal war das Trennende weg und mein Herz hüpfte.

Ich bin zwar misstrauisch, wenn ich viel gelobt werde. Aber wenn ich merke: da denkt jemand nach, da beschäftigt sich einer mit dem, was du gesagt hast, dann ist das wirklich eine unerwartete Freude.

Wie schön wäre es, wenn wir uns Gedanken darüber machten, wie wir einander eine Freude bereiten könnten. Es gibt so viel, was uns das Leben schwer macht – vom Konkurrenzkampf in der Firma über Probleme in der Partnerschaft bis hin zu den politischen Fragen in unserem Land und darüber hinaus. Wie unversöhnlich sind oft die verschiedenen Meinungen – ob im Nahen Osten oder in der EU, ob in unserer Regierungskoalition oder zwischen den Religionen!
Wie schön dagegen, wenn Menschen darauf aus sind, so zu handeln, dass sie dem andern zur Freude werden! Dann geht wirklich eine Sonne auf und unser Leben gewinnt an Freude und an Zuversicht.

Rosa von Lima

Rosa von Lima starb am 24. August 1617. Warum hat ganz Lateinamerika – von Mexiko bis Feuerland – gerade sie zur Patronin erwählt?

Ihr Name bedeutet „Rose“. Die Rose ist das Symbol der Liebe. Haben wir jemand besonders gern, schenken wir ihm eine Rose. Die Rose ist ein wunderbares Gewächs, mehr noch: sie ist ein Geheimnis. Wenn wir sie analysieren und zerlegen, dann bleibt am Schluss nichts übrig. Ihr Geheimnis hat sie nur als ganze. Wenn wir sie so lassen, dann können wir sie bestaunen und uns an ihrem Duft erfreuen. Wir sehen ihre Schönheit und bewundern sie.

So ist es auch mit Rosa von Lima. Sie war ein schlichtes peruanisches Mädchen. Getauft wurde sie auf den Namen Isabel, aber ihre Mutter nannte sie Rosa. Offensichtlich sah sie in dem Baby schon etwas voraus, wie wir in der noch verschlossenen Rosenknospe schon etwas ahnen. Wir wissen nichts von einer besonderen Begabung Rosas. Aber etwas wissen wir: sie entwickelte eine große Liebesfähigkeit für ihr Volk. Das war es, was sie zum Symbol für viele machte.

In der Kraft solcher Liebe erkannte Rosa das große Unrecht, das die Bluttaten der spanischen Eroberer in ihrem Kontinent angerichtet hatten. Rosa beschloss, stellvertretend für dieses unsägliche Leid zu büßen durch ein Leben des Verzichtes.
Vielleicht kommt das manchen von uns heute merkwürdig vor. Wir wollen doch das Leben genießen. Was soll da eine finstere Bußgesinnung?

Rosa tat dies aus Liebe. Das ist mir wichtig. Warum? Weil Rosa zeigt, dass es in unserer Welt nicht um großartige Reden und phantastische Programme geht. Die bewirken nicht viel. Wo aber

Menschen überzeugend die Liebe leben, dort kommt ein Stück Hoffnung in die Welt. Dort wird alles ein bisschen liebenswerter.

Der echte Jünger Jesu

Ich hab es gern, wenn ich einem Menschen begegne, der mir das Gefühl gibt: der ist echt, authentisch; bei dem weißt du, woran du bist; er macht dir nichts vor, er sagt nicht etwas und denkt dabei etwas anderes.

Bartholomäus, einer der Apostel Jesu, war so einer. Am 24. August ist sein Gedenktag. Als er zum ersten Mal von Jesus hört, sagt er zu seinem Freund Philippus: „Kann denn aus Nazareth etwas Gutes kommen?" Bartholomäus nimmt kein Blatt vor den Mund, er sagt, was er denkt. Jesus sieht ihn dann und sagt: „Da kommt ein echter Israelit, ein Mann ohne Falschheit."

Als Jünger Jesu soll Bartholomäus dann in Indien, in Mesopotamien – also dem heutigen Irak – und in Armenien gewirkt haben. Dort gab er auch sein Leben für Christus.
Seine Reliquien werden heute auf der Tiberinsel verehrt, also in einer Kirche Roms, die auf dieser Insel gebaut ist und seinen Namen trägt. Dort sind Erinnerungsstücke von Märtyrern unserer Zeit niedergelegt. Sie erinnern an Menschen, die in unserer Zeit für ihre Glaubensüberzeugung starben.
Auch aus meiner Heimat Baden-Württemberg sind zwei Andenken. Das eine ist ein Stein, mit dem das Palais von Bischof Sproll in Rottenburg beworfen wurde. Er hatte eindeutig Widerstand gegen das Naziregime geleistet. Dafür musste er in die Verbannung gehen.

Das zweite Stück erinnert an Staatspräsident Eugen Bolz von Württemberg. Ihn haben die Nazis wegen seines Widerstandes umgebracht. Das Stofftäschchen, in dem seine Frau ihm die

Kommunion, das Abendmahl, ins Gefängnis brachte, ist nun auch in jener römischen Kirche ausgestellt.

Ich bin froh, dass es im Naziregime Frauen und Männer gab, die sich nicht gleichschalten ließen. Sie traten für ihre Gewissensüberzeugung ein bis zum Tod. Ihnen gilt auch das Wort Jesu im Johannesevangelium: „Es gibt keine größere Liebe, als wenn einer sein Leben hingibt für seine Freunde."

Ludwig IX.

Die katholische Kirche gedenkt am 25. August eines französischen Politikers, der in seiner Zeit eine bemerkenswerte Gestalt war und der noch heute nachdenklich stimmt: Ludwig IX., König von Frankreich im 13. Jahrhundert. Mit 12 Jahren wurde er König und war es bis zu seinem Tod 1270 im Alter von 56 Jahren.

Was mich bewegt: es heißt, er lebte einfach, war ein Freund der Armen und hatte eine hohe Auffassung von seinem Herrscheramt. Wenn jemand in öffentlicher Verantwortung steht, wird gern auch seine Privatsphäre angefragt. Stimmt beides überein, spricht dies für seine Glaubwürdigkeit.

Ludwig bemühte sich um eine gerechte Verwaltung des Landes; gleichzeitig hatte er das soziale Wohl im Blick. Deshalb gründete er Spitäler. Er förderte auch die Bettelorden, also die Franziskaner und Dominikaner. Offensichtlich hatte er dieses wichtige Zeichen für eine glaubwürdige Kirche erkannt, gerade in einer Zeit, in der die Kirche sehr stark ihre öffentliche Macht ausbaute. Ein Schatten fiel auf sein Leben, als er einen Kreuzzug ausrief, der kläglich endete. Auch ein zweiter Versuch scheiterte. Ludwig starb dabei an einer Seuche bei Tunis.

Damals wie heute lassen sich Unterschiede in Religion oder Politik nicht gewaltsam bekämpfen. Jesu Wort gilt auch heute: „Wer das Schwert ergreift, wird durch das Schwert umkommen."

Drei Jahrhunderte nach Ludwig wirkte ein spanischer Priester in Rom, dessen Gedenktag ebenfalls am 25. August ist: José de Calasanz. Bei uns in Deutschland kennt man ihn kaum. Ich bin in Argentinien auf seine Spuren gestoßen. Dort leiten nämlich Ordensfrauen und Ordensmänner Schulen in seinem Geist.
Sein Verdienst war es, dass er die erste unentgeltliche Volksschule Europas gründete, und zwar 1597 in Rom. Er hatte die Unwissenheit jener Kinder in Rom erkannt, deren Eltern kein Schulgeld zahlen konnten. Diese Kinder wuchsen in geistiger und moralischer Verwahrlosung auf. Das war für José ein Impuls zu handeln. Dieser Impuls ließ ihn auch später durchhalten, als man ihn verleumdete. Jesus provoziert nicht umsonst, wenn er in der Bergpredigt sagt: „Freut euch, wenn ihr um der Gerechtigkeit willen verleumdet werdet."

Johanneswein

Am 27. Dezember gibt es einen schönen Brauch in der katholischen Kirche: Der Pfarrer segnet im Gottesdienst Wein und lädt die Leute ein, diesen Wein einander zu reichen mit den Worten: „Trinket die Liebe des heiligen Johannes!" Menschen, die alkoholkrank sind, nehmen statt Wein roten Traubensaft.

Dieser Brauch stammt aus dem 13. Jahrhundert. Er war aber davor schon ein Volksbrauch während der so genannten Rauhnächte. Die Kirche hat dann diesem Brauch eine neue Bedeutung gegeben. Man brachte ihn in Verbindung mit einer Legende, nach der Johannes, der Evangelist, einen Becher mit Gift getrunken habe, ohne Schaden zu nehmen.

Was ich an der Botschaft des Evangelisten Johannes so wunderbar finde, ist ein Satz in seinem ersten Brief. Da schreibt er: „Gott ist die Liebe.“ Für mich gibt es keinen schöneren Satz in der ganzen Bibel.

„Gott ist die Liebe.“ Dieser Satz umfasst alles, was wir an Fragen, Zweifeln, an Nachdenken oder Grübeln, an Gewissheit und Zuversicht empfinden. Die Liebe ist der tragende Grund unseres Lebens. Selbst die Menschen, die als Kinder nicht gewollt waren, sind nicht ohne Liebe entstanden oder zumindest nicht ohne Sehnsucht nach wahrer Liebe. Auch ein Kind, das durch Vergewaltigung gezeugt wurde, ist ein Ausdruck der Liebe, denn auch dahinter verbarg sich – so schlimm das ist – eine Sehnsucht nach wirklicher Liebe. Wenn wir die Lebensläufe mancher Menschen anschauen, die etwas Schlimmes verbrochen haben, entdecken wir oft, wie viel Ablehnung, wie viel Missachtung sie selbst erlebt haben. Das ist natürlich nie und nimmer eine Rechtfertigung; mir geht es nur darum, in allem, selbst im Schlimmsten den Schimmer der Sehnsucht zu entdecken, die in allem verborgen ist. Alles, was ist, verdankt seine Existenz der Liebe.

Der Evangelist Johannes lädt uns ein, in jedem Menschen die Liebe zu suchen – gerade dann, wenn sie sich verbirgt oder sich verzerrt äußert in der Aggression oder im Hass. Johannes erinnert daran, dass die Liebe der tragende Grund von allem ist.

Kinder

Der 28. Dezember ist der Gedenktag der Unschuldigen Kinder. Der Kindermord von Bethlehem, von dem die Weihnachtsgeschichte berichtet, hat mich als Kind jedes Mal in großen Schrecken versetzt. Ein wenig hat mich dann beruhigt, dass wir Kinder an diesem Tag im Gottesdienst besonders gesegnet wurden.

Auch wenn dieser Mord des Herodes historisch nicht belegt ist, als schlimmer Herrscher war er durchaus bekannt – auch 70 Jahre nach seinem Tod, als der Evangelist Matthäus diese Geschichte vom Kindermord aufzeichnete. Herodes hat nicht nur den eigenen Sohn und Thronfolger umgebracht, sondern –zig andere Menschen, sogar seine eigene Frau.

Was mich an diesem Tag besonders bewegt: Ich denke an die Kinder in der Welt, die nicht so leben dürfen oder können, wie sie es bräuchten. Da sind die Kinder, auf die die Sternsinger in der nächsten Woche aufmerksam machen: Kinder, die oft weite Schulwege haben – Wege, die bei Regen unpassierbar sind; Kinder, die gar keine Schule haben; kranke Kinder, die bereits an Durchfall sterben können, ganz zu schweigen von Malaria oder Aids. Wie vielen Kindern auf der Welt geht es schlecht!

Ich denke aber auch an die Kinder bei uns, die nur auf Leistung getrimmt werden und denen zu wenig Zeit zum Spielen eingeräumt wird. Natürlich verstehe ich besorgte Eltern. Sie wollen ihren Kindern Gutes tun. Aber sie bieten ihnen so viele Möglichkeiten, dass die Kinder schon einen ausgefüllten Terminkalender haben.

Es ist gut, wenn Begabungen gefördert werden, aber allzu viel ist ungesund. Kinder müssen auch noch Raum für eigene Kreativität haben. Wir erschrecken zu Recht über Gewalt in der Schule, über jugendliche Amokläufer und ähnliche Bedrohungen. Für mich sind solche Ereignisse ein Impuls, uns umso mehr dem zuzuwenden, was in Kindern wachsen und sich entfalten will, ohne sie zu überfordern.

Neulich sagte mir ein Kind: „Meine Eltern spielen gar nie mit mir, sie haben keine Zeit oder sind zu müde.“ Ich denke dankbar an meine Eltern, die dafür Zeit hatten und sich Zeit nahmen, obwohl sie hart arbeiten mussten. Aber solche Momente sind für eine Kinderseele wichtig.

Märtyrer des Gewissens

Am 29. Dezember 1170 wurde ein Bischof in seiner eigenen Kathedrale ermordet. Vier Edelleute meinten, dem König damit einen Gefallen zu tun. Fünf Tage zuvor hatte der Bischof in seiner Weihnachtspredigt gesagt: „Ein christliches Martyrium ist kein Zufall; Heilige werden nicht durch Zufall."

In der Tat, er, Thomas Becket, Erzbischof von Canterbury, wollte sich nicht in politisches Kalkül verstricken lassen. Obwohl ihn eine Seelenfreundschaft mit König Heinrich II. von England verband, war ihm die Freiheit der Kirche wichtiger als die Freundschaft mit dem König. Er, der ehemalige Kanzler des Königs, sträubte sich zunächst dagegen, Primas von Canterbury zu werden Es wird berichtet, dass er ein geistreich-unbekümmerter Weltmann war, der zuerst eine antikirchliche Politik verfolgt hat. Der Macht des Staates soll alles geopfert werden (Jean Anouilh).

Da ernennt ihn König Heinrich zum Primas und hofft dadurch, die Kirche stärker in seine Gewalt zu bringen. Aber er hat sich getäuscht. Becket entdeckt seine ursprüngliche Berufung, sich für die Ehre Gottes einzusetzen und sie nicht Staatsinteressen zu opfern. Der König verbannt ihn nach Frankreich, will sich aber dann doch mit ihm versöhnen. Der König reist nach Frankreich und bewegt Becket zur Rückkehr. Becket kehrt nach England zurück. Vor dem Altar seiner Kathedrale wird er erschlagen. Der König, der in einer Art Hassliebe den Tod Beckets gewünscht hatte, lässt die Mörder hinrichten, um sich wie Pilatus vor der Welt rein zu waschen.

Der englische Schriftsteller Ken Follett hat in seinem Roman „Die Säulen der Erde" Becket ein Denkmal gesetzt. Er lässt ihn angesichts seiner Mörder sagen: „Ich bin bereit zu sterben, aber rührt sonst niemanden von meinen Leuten an – weder Priester noch Mönch noch Laien."

Mich beeindruckt, wenn Menschen um ihres Gewissens willen alles geben. Knapp vier Jahrhunderte später ereignet sich in England eine ähnliche Geschichte wie die mit Thomas Becket, nämlich die mit Thomas Morus. Statt Heinrich II. ist es jetzt Heinrich VIII. Thomas Morus stirbt ebenfalls für seine Gewissensüberzeugung, die nicht den Wünschen des Königs folgt. Er wird öffentlich hingerichtet.

Menschen, die sich nicht verbiegen lassen, sondern für das eintreten, was sie als richtig erkannt haben, ermutigen auch heute. Darum gedenken wir ihrer.

Der dreieinige Gott

Nicht nur Muslime tun sich schwer mit der Dreieinigkeit Gottes. Auch Christen fällt es manchmal schwer. Was soll das bedeuten – ein Gott in drei Personen? Fällt es vielen schon schwer, sich unter Gott etwas vorzustellen, so wird das noch komplizierter beim dreieinigen Gott.

Ich denke an einen Gottesdienst im Gefängnis auf dem Hohenasperg. Bei der Predigt wollte ich mit den Gefangenen über die Dreieinigkeit Gottes ins Gespräch kommen. Da unterbrach mich heftig ein Muslim, der auch dabei war, und sagte: „Gott ist nur ein einziger! Außerdem kann er keinen Sohn zeugen!"
Es gelang mir nicht, ihm zu erklären, dass wir Christen auch nur einen Gott hätten, obwohl wir vom dreieinigen Gott sprächen. Für ihn waren das drei Götter.

Dabei bedeutet das Bild von der Dreieinigkeit etwas sehr Schönes. Es ist wie bei einer Familie; zu ihr gehören mindestens **drei** Personen, es ist jedoch **eine** Familie.
Natürlich ist das ein Bild, aber wir können von Gott nur in Bildern sprechen. Gewiss ist Gott keine menschliche Person. Das Wort „Person“ erinnert an die griechische Tragödie, bei der die Schauspieler eine Maske trugen, um ihr Gesicht zu verbergen. Nur die Botschaft war wichtig.

Darum sagt die christliche Botschaft: Gott ist kein stummes Wesen, das sich selbst genügt. Gott ist im Dialog. Deshalb spricht Jesus im Johannesevangelium von der wunderbar innigen Beziehung zwischen ihm und Gott. Wenn zwei sich gut verstehen, sogar ohne viele Worte, dann spürt man die gute Atmosphäre, das Klima des Wohlwollens, den guten Geist oder wie die Christen sagen: den heiligen Geist.

Diese Erfahrung macht schon das kleine Kind: es kann erst dann „ich“ sagen, wenn es immer wieder von einem „Du“ angesprochen und angelächelt wird. Dann entsteht Beziehung, entsteht Vertrauen, dann spüren wir den guten Geist, und wo ein guter Geist herrscht, da fühlen wir uns wohl, da können wir uns geben wie wir sind, und das tut allen gut.

Ein bewegendes Schicksal

Maria stammt aus Angola. Vor 5 Jahren kam sie hierher als Flüchtling. Seither lebt sie hier als „Geduldete“. Auf ihrem provisorischen Ausweis steht: „Ausreisepflichtig“. Zweimal im Jahr muss sie ihre Duldung verlängern lassen. Geduldete dürfen eigentlich nicht arbeiten. Weil Maria aber schon länger als 1 Jahr hier ist, kann sie sich um eine Arbeitsgenehmigung bemühen. Jetzt putzt sie in einem Krankenhaus – laut Arbeitsvertrag 5 Stunden an 5 Tagen. In Wirklichkeit arbeitet sie 7 Stunden an 7 Tagen für knapp

8 Euro die Stunde. Sie bekommt aber nur Geld für die vereinbarte Zeit, nicht für die tatsächlich geleistete. Meckern will sie nicht, sie fürchtet die Kündigung. Für einen Anwalt hat sie kein Geld. Würde ihr Chef bestraft, verlöre auch sie ihren Posten. Also bleibt sie lieber ruhig.

Ich fürchte, es gibt mehr Menschen, die dieses Problem haben, nicht nur Maria. Ich war im Jahr 2006 auf dem 96. deutschen Katholikentag in Saarbrücken. Dort habe ich von der Situation Marias gehört. Mir wurde bewusst, dass so etwas nicht sein darf. Der Katholikentag behandelte das Thema „Gerechtigkeit“. Es ist nicht gerecht, wenn Maria nicht bekommt, was ihr von Rechts wegen zusteht. Warum ist sie denn überhaupt von Angola weg?

Ihr Mann Joseph war Polizist. Als die Rebellen 1999 auf den Regierungspalast zumarschierten, flüchtete Joseph. Er war dort Wachmann und wusste, dass die Rebellen jeden Wachmann niedermetzeln würden. Joseph rannte um sein Leben und holte Maria. Dann hetzten sie auf den Flughafen. Mit knapper Not erreichten sie ein Flugzeug, das sie hierher brachte. Die Kinder blieben bei der Oma. Erst als beide krank wurden, ließen sie die Kinder nachkommen. Ob sie jemals für die Kinder einen Ausbildungsplatz bekommen?

Mich bewegt das Schicksal dieser Familie, und es gibt sicher viele, denen es ähnlich ergeht. Ich hoffe, bei uns wächst das Verständnis für solche Menschen, und wir können helfend eingreifen.

Fronleichnam

Fronleichnam bringt viele Katholiken auf die Straße. Sie versammeln sich auf öffentlichen Plätzen und feiern Gottesdienst. Oft wird ein farbenfroher Blumenteppich vor den Altar gelegt mit Symbolen aus der Bibel oder aus dem Leben.

Manch einer fragt sich, warum Katholiken das tun. Es ist ja schon ungewöhnlich, dass ein so intimes Ereignis wie das Abendmahl Jesu mit den Seinen in die Öffentlichkeit verlegt wird. Dahinter steht die Vision der Juliana von Lüttich, einer Frau des 13. Jahrhunderts. Sie sah den Mond verdunkelt durch einen schwarzen Kreis. Für sie war das der Impuls, die geweihte Brothostie zu verehren und sie als Zeichen für die Welt zu begreifen. Der berühmte Theologe des Mittelalters, Thomas von Aquin, hat die Liturgie dieses Tages mit Gebeten und Lobliedern ausgestattet.

Leider hat das Fest Fronleichnam die Konfessionen auseinander triften lassen, obwohl seine Botschaft eigentlich alle zusammenführen will. „Fronleichnam" bedeutet Leib des Herrn, an dem alle Glieder sind. Die Reformatoren entwickelten ein anderes Verständnis vom Abendmahl, wurden sich untereinander aber auch nicht einig. Bis heute haben die Kirchen noch nicht zum gemeinsamen Verständnis über das Mahl des Herrn gefunden. Mein Traum ist, dass eine Fronleichnamsprozession Station macht an der evangelischen Kirche und sich dann der evangelische Pfarrer mit seiner Gemeinde der Prozession anschließt und alle feiern dann gemeinsam das Mahl des Herrn. Aber das ist noch ein Traum.

Warum gehen Katholiken an diesem Tag auf die Straße? Warum wird die Hostie in einem kostbaren Gefäß, der Monstranz, getragen? Mich erinnert dieses kleine Stück Brot an den Hunger in der Welt. Zwei Drittel der Menschheit haben nicht ausreichend

Nahrung. Das ist ein Skandal, an den wir uns leider gewöhnen. Deshalb ist es wichtig, öffentlich darauf zu verweisen. Zum andern ist Jesus Christus Antwort auf den Hunger. Deshalb verehren ihn die Katholiken im Brot. So wird deutlich, dass wir **eine** Menschheitsfamilie sind – egal welcher Hautfarbe oder Herkunft. Deshalb gehören die Güter der Welt allen und alle sind eingeladen zu teilen. So wird Fronleichnam zur Hoffnung für die Welt.

Anspannen und entspannen

„Die Kunst des Ausruhens ist ein Teil der Kunst des Arbeitens." Das sagt der amerikanische Schriftsteller und Nobelpreisträger John Steinbeck.
Viele Menschen sind bestimmt von Stress und Hektik. Die Termine jagen sich, die Staus auf der Straße häufen sich. Selbst das Wochenende wird mit dem voll gepackt, was während der Woche keine Zeit findet. Da braucht es dann schon eine Grippe, wenn nicht gar was Schlimmeres, um inne zu halten und sich zu besinnen. Dann merken wir plötzlich: Das Leben besteht wirklich nicht nur aus Arbeiten, es braucht das Pausieren, das Ausruhen, um neue Kraft zu schöpfen.

Der Rhythmus unseres Herzens erinnert daran: ein Doppelschlag, eine Ruhepause. Unser Atemorgan kennt das Einatmen und das Ausatmen. Anspannen braucht Entspannen, Festhalten das Loslassen. Unser ganzes Leben ist geprägt von diesen Gegensätzen und wo sie in vernünftiger Verbindung sind, geht es uns gut.

Deshalb meinte wohl John Steinbeck: „Die Kunst des Ausruhens ist ein Teil der Kunst des Arbeitens." Wo unser Arbeiten eine Daueranspannung ist, kann es nicht gelingen oder es gibt irgendwann den Zusammenbruch. Wenn das Gummi dauernd gespannt ist, reißt es irgendwann.

Unser Leib braucht das Ausruhen und unsere Seele ebenfalls. Sie muss ja all die Eindrücke des Tages verarbeiten, sonst ist der Kollaps nahe. Wir können nicht mehr gelassen reagieren, wenn wir voll von unverarbeiteten Erlebnissen sind. Besonders eine Enttäuschung braucht Zeit, ein Ärger – alles was uns quer lief. Wenn wir dies verarbeitet haben, sind wir wieder mit uns im Reinen; und wer mit sich im Reinen ist, der spürt viel intensiver, wie kostbar das Leben ist, wie schön die Natur. Er kann an seine Mitmenschen ein Lächeln verschenken oder ein freundliches Wort. Das tut andern gut und uns ebenso.

Wahre Freundschaft

Ein etwas dicklicher Junge hat keine Freunde. Jetzt will er sich die Freundschaft seiner Mitschüler erkaufen. Selbst vor einem Diebstahl im Supermarkt, zu dem ihn ein Mitschüler anstiftet, schreckt er nicht zurück. Er wird erwischt, während der andere entkommt. Auch die Mutter belügt er – alles in der verzweifelten Hoffnung, endlich von den andern akzeptiert zu werden.
Aber alles geht schief, und am Schluss wird er als Dieb und Lügner beschimpft. Er ist total verzweifelt.

Die Geschichte zeigt: Freundschaft kann ich nicht mit Geld erkaufen. Gute Freunde sind ein wertvoller Besitz, aber ich erwerbe sie mir nicht durch Geld. Oder doch? Es braucht schon Klugheit, um etwas zu erreichen, vielleicht sogar mit Geld.

Der Evangelist Lukas erzählt das Gleichnis von einem Verwalter. Er wird der Veruntreuung beschuldigt. Bevor er Rechenschaft ablegen muss, überlegt er die Möglichkeiten, die ihm noch bleiben. Eine Möglichkeit: Hart arbeiten und die Zähne zusammenbeißen – aber das liegt ihm nicht. Die andere: Sich schämen und im Büßergewand herumlaufen – das ist gegen seinen Stolz.

Er tut das einzig Mögliche: Er geht kreativ mit seiner Schuld um. Er lässt die Schuldner seines Herrn kommen und kürzt ihre Schuld. So bleibt ihm die Hoffnung, dass die so Beschenkten ihn nicht hängen lassen, wenn er seines Amtes enthoben ist.
Der Chef lobt seinen Verwalter, obwohl der ihn austrickst, und Jesus schließt sich diesem Lob an. Das ist erstaunlich. Lobt Jesus so die Unehrlichkeit, den Betrug?

Nein, ihm geht es darum, wie wir mit unserer Schuld umgehen. Ob gewollt oder ungewollt – wir geraten immer in Schuld, nicht nur, wenn wir etwas angestellt haben, auch dann, wenn wir jemand etwas schuldig bleiben. Da hat einer von mir ein Wort des Trostes erwartet, und ich hab's gar nicht gemerkt. „Nicht meine bösen Taten klagen mich an, sondern meine Versäumnisse", schrieb mir ein Freund. In der Tat: Ein Versäumnis kann viel schwerer wiegen als ein unbedachtes Wort, das mir herausrutscht, oder eine unüberlegte Tat, die ich danach als falsch erkenne. Aber diese Schuld soll mich nicht lähmen, sondern anspornen, kreativ mit ihr umzugehen.

Freundschaft lässt sich nicht erkaufen, aber auch mit Geld kann man Gutes bewirken. Der Bibelwissenschaftler Gerhard Lohfink erzählt eine schöne Geschichte aus seiner Kindheit. Als Kind besaß er eine Sparbüchse. Sie hatte einen verborgenen Mechanismus. War eine gewisse Anzahl von Münzen drin, so sollte das Gewicht dieser Münzen einen Mechanismus auslösen, die Klappe würde sich öffnen und das Geld herausfallen. So hatte es ihm der Vater erklärt.
Wir können uns vorstellen, wie der Junge Münze um Münze, die er geschenkt bekam oder sich verdiente, einwarf – immer in der Hoffnung, die Klappe würde sich öffnen und er wäre plötzlich „reich". Aber nichts tat sich und die Hoffnung des Jungen wurde immer kleiner.
Eines Tages trat er unerwartet ins Wohnzimmer und sah, wie der Vater seine Sparbüchse in der Hand hatte und mit verschmitztem Lächeln Münze um Münze hineinwarf, um zu erreichen, dass die verschlossene Klappe schneller aufspringt.

Wollte sich der Vater die Freundschaft des Jungen erkaufen? Nein, aber er hatte einfach Mitleid mit dem sehnsüchtigen Warten seines Buben. Eigentlich war der Vater ein wenig unehrlich, aber er handelte genau in der Linie jenes Jesuswortes im Lukasevangelium: „Macht euch Freunde mit dem ungerechten Geld."

Ist Geld ungerecht? An sich nicht, aber tut es nicht weh zu sehen, wie die Armenhäuser dieser Welt durch eine ungerechte Politik an den finanziellen Kollaps geraten? Wer darunter leidet, sind die, die an sich schon wenig haben. Die Armen sehen, wie die Preise steigen, aber die Löhne nicht mithalten. Andere profitieren davon, und das ist ungerecht. Deshalb rät Jesus: Wenn es schon soviel Ungerechtigkeit gibt und die einen viel haben, die andern wenig, dann schafft wenigstens einen Ausgleich zwischen reich und arm. Nehmt diese Schuld zum Anlass, menschlicher miteinander umzugehen. Darum hat es schon Sinn, sich Freunde zu verschaffen mit dem ungerechten Geld.

Eine zwiespältige Persönlichkeit fordert heraus

Ich fliege auf meinem Weg nach Argentinien gerade über jene Gegend, in der vor knapp 1000 Jahren der bedeutendste Mann seiner Zeit wirkte: Bernhard von Clairvaux. Ein Mönch, ein Mystiker, der sich gleichzeitig in die politischen Auseinandersetzungen seiner Zeit hineinziehen ließ.
Mit 16 Jahren verlor er seine Mutter – ein Erlebnis, das ihn drängte, nach dem Sinn seines Lebens zu fragen. Er suchte junge Leute, die ähnlich dachten wie er. Gegen den Widerstand seines Vaters trat er mit 30 Gleichgesinnten ins strenge Kloster Citeaux ein, das in Burgund liegt.
Bernhard inspirierte verschiedene Neugründungen und ließ sich dann im so genannten „Tal der bitteren Kräuter" nieder. Er

verwandelte das öde Tal in ein helles und lichtes, daher der Name Clairvaux. Als begnadeter Prediger reiste er im Land umher und war bald ein gesuchter Ratgeber für Fürsten und Bischöfe, selbst für Papst Eugen III. Ihm riet er einmal: „Gönne dich dir selbst!“ Er wollte den Papst davor bewahren, allzu hart gegen sich selbst und andere zu sein.
Ein Ereignis seines Lebens brachte ihn in einen großen Zwiespalt. Bernhard warb für einen Kreuzzug, um die heiligen Stätten der Christenheit von den Muslimen zu befreien. Aber dieser Kreuzzug brachte Elend, Not und Tod. So ist er ein Bild für die Zerrissenheit in Bernhards persönlichem Leben. Er hatte so oft zum Frieden aufgerufen, eine Kirchenspaltung beendet, Ungerechtigkeiten gebrandmarkt und zur Versöhnung geholfen. Aber der Kreuzzug brachte ihm ätzende Kritik ein. Zwar versuchte Bernhard, Politik und Mystik zu vereinen, aber an diesem Punkt ist er gescheitert.

Wer kennt nicht solche Zerrissenheit aus seinem eigenen Leben! Aber ohne Spannung gibt es kein Leben. Das schönste Wort von Bernhard ist für mich dies: „Die Liebe liebt, weil sie liebt.“ Nicht weil sie ein bestimmtes Interesse hat, sie liebt, weil sie liebt. In allen Spannungen des Lebens ist dies ein Trost: Es zählt gelebte Liebe, ohne Interesse, einfach so.

Ein dankbarer Mensch lebt erfüllter und glücklicher

„Falls ich heute früh gesund aufgewacht bin, habe ich ein besseres Los gezogen als 1 Million Menschen, die die nächste Woche nicht erleben werden.“ Solche Worte erschrecken mich. Sicherlich könnte man noch zahlreiche andere Beispiele nennen. Dann würde mir aufgehen, dass vieles überhaupt nicht selbstverständlich ist, was ich jeden Tag für selbstverständlich halte. Was aber nicht selbstverständlich ist, ist für mich umso mehr ein Grund, dankbar zu werden.

Der jüdische Religionsphilosoph Martin Buber sagte: „Je älter ich werde, desto mehr wächst in mir die Neigung zu danken, vor allem nach oben." Warum ist Dankbarkeit wichtig? Ich bin überzeugt, dankbare Menschen leben glücklicher. Sie sind viel weniger in Gefahr, nur Ansprüche an den andern zu stellen. Sie können andere nehmen wie sie sind.
Hannelore Schmidt sagte, als sie mit ihrem Mann Helmut, dem früheren Bundeskanzler, Eiserne Hochzeit feierte und nach dem Rezept einer glücklichen Ehe gefragt wurde: „Den Partner nehmen, wie er ist, und nicht, wie man ihn gern hätte."

Wo ich keine Ansprüche an den andern stelle, bin ich viel dankbarer, dass er da ist. Außerdem meinte Loki Schmidt: „Wir haben immer voneinander profitiert" und „Wir machen heute noch häufig abends Quatsch." Jeder ging auch seinen eigenen Interessen nach. Das machte beide sicherlich dankbarer füreinander, als wenn man dauernd zusammen ist.

Aus einer dankbaren Haltung heraus habe ich viel mehr Verständnis für den andern. Warum? Weil ich mich viel leichter einfühlen kann in ihn. Wo aber gegenseitiges Einfühlen da ist, gelingt das Miteinander viel besser. Da herrscht viel weniger Gefahr, den andern zu vereinnahmen. Wo Menschen sich nicht vereinnahmen, sondern gelten lassen, gelingt das Leben viel besser.

Stimmt es, dass wir keine Zeit haben?

Ein Brautpaar bat mich, bei der Trauung folgenden Text zu sprechen:
„Nimm dir Zeit zum Denken, dies ist die Quelle der Kraft!
Nimm dir Zeit für die Liebe, sie ist der wahre Reichtum des Lebens!
Nimm dir Zeit zum Spielen, dies ist die Freude der Jugend!

Nimm dir Zeit, um mit Freunden zusammen zu sein, dies ist die Quelle des Glücks!
Nimm dir Zeit zum Träumen, dies bringt dich den Sternen näher!
Nimm dir Zeit zum Lachen, dies ist die Musik der Seele!
Nimm dir Zeit zum Gebet, es bringt dir Gott näher und wäscht den Staub der Erde von deinen Augen!
Zeit ist das am meisten begrenzte Mittel, das du zur Verfügung hast. Deshalb nimm dir Zeit, den Duft der Rose zu genießen!"

Es hat schon Sinn, wenn ein Brautpaar sich so einen Text wählt. Sich Zeit nehmen, die Beziehung zu pflegen, dies gehört zum Bestandteil einer Partnerschaft. Seneca, der römische Philosoph, erkannte Folgendes: „Es ist nicht wenig Zeit, was wir haben, sondern es ist viel, was wir nicht richtig nützen." Wenn wir Zeit füreinander haben, nützen wir sie richtig. Und wenn wir jetzt grad keine Zeit haben, weil wir verplant sind, finden wir später Zeit.
Es tut weh, wenn einer zum andern sagt: „Ich habe keine Zeit für dich." Eigentlich ist das ein Verstoß gegen die Liebe. Wenn ich aber sage: "Ich hab jetzt im Augenblick leider keine Zeit für dich, weil ich sie schon jemand versprochen habe, aber ich finde Zeit", dann ist es gut.
Zeit ist nicht mein Besitz, über den ich verfüge; Zeit ist ein Geschenk, das mir von Gott anvertraut ist – ein Geschenk, das ich nützen kann und dadurch Freude schaffe in unserer Welt.

Es gibt Kritik, die einen fertig macht, und Kritik, die einen aufbaut.

In einem Geburtstagsbüchlein fand ich folgende Empfehlung: „Ein Aufbruch zu neuen Wegen ist oft von Kritik begleitet. Die Kunst besteht darin zu unterscheiden, welche kritischen Stimmen Aufmerksamkeit verdienen und für welche selbst ein cooles Lächeln Verschwendung ist."

Kritik ist wichtig und nötig. Freilich in dem Sinn, den das ursprünglich griechische Wort hat: „scheiden, sichten, sehen." Kritik hilft mir, das Gute zu entdecken und vom Schlechten oder Bösen zu trennen.

Manche Menschen halten sich für sehr kritisch und machen alles nieder, was ihnen nicht passt. Das ist nicht die wahre Kritik. Wahre Kritik macht nicht nieder, sie baut auf. Sie regt an, es besser zu machen. Sie spornt meine Kräfte an.

Deshalb gehört zur Kritik auch das Lob. Ich lobe am andern, was er schon fertig gebracht hat und sporne ihn zugleich an, das in Angriff zu nehmen, was noch vor ihm liegt. Diese Kritik verdient Aufmerksamkeit, weil sie mich weiter bringt.

Dagegen darf ich jene Kritik, die mich fertig machen will, ruhig abprallen lassen. Wer mich so kritisiert, ist mit sich selbst nicht im Reinen und sucht jetzt in mir einen Sündenbock. Darüber kann ich nur ganz cool lächeln oder nicht mal das – wie das Wort sagt: „...für diese Kritik ist selbst ein cooles Lächeln Verschwendung."
Natürlich tut sie mir weh wie ein Pfeil, der mich trifft. Aber diesen Pfeil darf ich ruhig abprallen lassen. Er trifft den, der ihn ausgesandt hat.
Es kommt eben auf die Unterscheidung an: Kritik, die mich fertig macht, und Kritik, die mich aufbaut.

Tradition

„Tradition bedeutet nicht, die Asche anzubeten, sondern das Feuer am Brennen zu erhalten." Ich fand dieses Wort und dachte an Menschen, die sehr traditionsbewusst sind. Manchmal geraten sie heftig in Konflikt mit denen, die Neues möchten und endlich den alten Zopf abschneiden wollen. Beide Gruppen tun sich schwer, sich gegenseitig zu respektieren.

Natürlich hat Tradition etwas für sich; sie erinnert uns an unsere Wurzeln. Wer seine eigenen Wurzeln abschneidet, hat keinen Halt mehr und ist leicht in Gefahr, sich irgendeinem modischen Trend anzupassen.

Tradition kann aber auch einengen. Man tut dann etwas, weil man es ja immer schon getan hat – angeblich. Aber spricht dies allein für Qualität? Weil man es immer schon getan hat? Ich glaube nicht. Das ist dann genau das, was das Wort meint: die Asche anzubeten, statt das Feuer am Brennen zu erhalten. Das ist dann nicht Tradition, sondern Traditionalismus, und der hinterlässt einen schalen Geschmack; er wirkt abgestanden, fad, leer.

Tradition dagegen weiß um den Ursprung einer Sache, schätzt ihn und führt gerade so zu neuen Ufern. Denn sie weiß: Leben ist Bewegung, ist Wachsen und sich Verändern. Es braucht neues Holz, sonst erlischt das Feuer, und es bleibt in der Tat nur Asche übrig.

Jugendliche geben da einen wichtigen Impuls. Manchmal lehnen sie sich auf gegenüber dem Althergebrachten. Sie spüren, wo etwas nicht mehr trägt und wir uns auf Spurensuche zu Neuem aufmachen müssen. Uns Erwachsenen fällt das oft nicht leicht. Wir hängen an unseren Erfahrungen, an dem, was uns lieb geworden ist. Das ist ja auch verständlich. Dennoch müssen wir immer wieder loslassen, sonst erstarren wir innerlich. Darum ist es wichtig, dass junge Leute uns anstacheln.

Ich denke auch an das Wort: „Traditionen sind wie Laternenpfähle, nur Betrunkene halten sich daran fest.“ Laternen beleuchten den Weg, sind aber nicht selbst der Weg. Wer sich an sie klammert, hat Angst vor dem Weg – einem Weg, der immer Neues und Überraschendes bereithält. Aber das Leben gewinnt nur dann an Farbe, wenn wir uns auf den Weg machen.

Milde oder Strenge?

„Zuviel und zu wenig nachsichtig sein, beides ist gefehlt. Es ist für uns Menschen hart, die Mitte zu halten; doch wenn ich fehle, will ich lieber durch die große Milde als durch zu große Strenge fehlen."
Das hat Franz von Sales gesagt. In Savoyen wurde er geboren und 1602 katholischer Bischof von Genf. Er war ein unermüdlicher Seelsorger und Prediger.

Sein Wort von der Milde und der Strenge ist ein Problem für jeden Erzieher. Wenn ich zu nachsichtig bin, biete ich dem Jugendlichen keine Reibungsfläche. Dann wächst auch seine innere Widerstandskraft nicht. Die aber braucht er, um die Herausforderungen des Lebens zu meistern. Sonst wirft er gleich das Handtuch, wenn die ersten Belastungsproben kommen. Darum braucht er einen Widerpart. Wenn ich zu allem Ja und Amen sage, mache ich mich zwar scheinbar beliebt, tu dem jungen Menschen aber keinen Dienst.

Wenn ich aber zu streng bin und dem Jugendlichen kein Verständnis zeige, kein Entgegenkommen, entsteht keine gute menschliche Beziehung. Der Jugendliche hat dann den Eindruck, nur recht zu sein, wenn er meinen Ansprüchen genügt. Er wird dann letztlich angepasst, um keinen Ärger zu haben. Damit verliert er sein Eigenes, das eben gerade ihn auszeichnet und sonst niemand.

Deshalb rät Franz von Sales zur Mitte. Die ist freilich nicht leicht zu finden. Deshalb empfiehlt er im Zweifelsfall die Nachsicht gegenüber der Strenge.
Das Wort „Nachsicht" gibt selbst einen wichtigen Hinweis. Es will nachschauen, welchen Weg der Andere gegangen ist, um ihn so besser verstehen zu können. Dann kann ich mich auch in ihn hineinfühlen und spüren, wie ihm zumute ist. Ich urteile dann nicht von mir her, sondern aus den Erfahrungen des Andern heraus. So kann ich ihm viel eher gerecht werden.

Franz von Sales wendet das auch auf die Beziehung des Menschen zu Gott an: „Ich will keine absonderliche, unruhige, traurige und verdrossene Frömmigkeit, sondern eine milde, sanfte, angenehme und friedliche, mit einem Wort: eine freie und fröhliche Frömmigkeit, die liebenswürdig ist vor Gott und den Menschen."

Paulus

Paulus ist nicht nur für evangelische Christen besonders wichtig. Auch Katholiken haben inzwischen seine Bedeutung erkannt. Was war das Besondere an Paulus?

Paulus meinte zunächst, darin sein Heil finden zu müssen, dass er gegenüber Gott gute Taten vorweisen könne. Er wollte sich durch seine religiösen Leistungen vor Gott Anerkennung verschaffen, sozusagen den Himmel erkaufen. Dabei geriet er in einen Teufelskreis, weil er meinte, immer mehr leisten zu müssen. Gleichzeitig sah er sein Versagen oder zumindest, dass er hinter dem zurückblieb, was er sich vorgenommen hatte.

Dann erlebte er die große Wende seines Lebens. Er merkte: Ich darf vor Gott so sein wie ich bin. Ich muss mir nicht Gottes Liebe verdienen durch meine Leistung. ich darf so sein wie ich bin, weil Gott mich so annimmt wie ich bin.

Wer sich damit schwer tut, der sucht auf alle mögliche Weise, sich Anerkennung zu verschaffen, ja zu erkaufen – und merkt doch, dass dies nicht geht. Sein Leben wird verkrampft. Er ist auch ständig in Gefahr, andere zu vereinnahmen für seine Zwecke.

Kinder, die sich isoliert fühlen, wollen die Freundschaft anderer erkaufen. Sie spendieren Süßigkeiten und drängen sich auf. Irgendwann merken sie dann: es geht nicht. Diese Art von

Freundschaft hält nicht, was sie zu versprechen scheint. Brauchen sie dann wirklich einen Freund, ist keiner da. Deshalb ist es so wichtig, dass Kinder von klein auf spüren: ich darf so sein wie ich bin; ich muss mir nicht Geltung erkaufen durch irgendwelche Leistungen. Im Gegenteil: ich hab sogar Talente, die ich einbringen kann. Ich muss nicht können, was andere können, ich darf mich an meiner Begabung freuen.

Wie schön, wenn wir einander spüren lassen: Du darfst so sein, wie du bist, so will ich dich. Du musst nicht können, was andere fertig bringen. Steh zu dir und bring das ein, was dein Eigenes ist! Dann spüren die andern: Der ist echt, der ist menschlich – und das tut allen gut.

Mozart

Mozarts Geburtstag am 27. Januar ist für viele Menschen aktuell, weil seine Musik unvergleichlich ist.

Man kann in ihr alles finden: das Heitere wie das Traurige, das Spritzige wie das Melancholische, das Leichte wie das Schwermütige, kurz: alles, was das Leben ausmacht.
Aber Mozart schreibt das nicht als Programm vor seine Musik, er trägt es nicht wie ein Spruchband vor sich her und sagt: Lest alle, was ich euch sage! Nein, bei Mozart spürt man das einfach.
Mozart musiziert eben und spielt, als wäre es das Selbstverständlichste von der Welt; und weil er eben nur musiziert, ohne sich aufzudrängen, deswegen fühlen wir uns so beschwingt und im Innersten angesprochen. So beschreibt es der große evangelische Theologe Karl Barth.

Der besondere Reiz Mozarts ist für mich, dass seine Musik völlig frei ist von Pathos und Überheblichkeit, frei von jeder Art von Gewalt. Sie will sich nicht durchsetzen, erhebt keinen Anspruch, sie ist einfach da, sie klingt; und sie ist bis in ihren innersten Kern hinein feinfühlig.

In Mozarts Opern hat die ganze Welt Platz, der majestätische Sarastro wie der verspielte Papageno, der hintertriebene Don Giovanni wie der ehrliche Figaro; die Guten sind da wie die Bösen, die Aufrichtigen wie die Gauner; Licht und Dunkel wechseln sich ab. Aber Mozart moralisiert nicht, er musiziert einfach.

Mozart ist gewiss nicht nur der Heitere, der musikalische Sunnyboy; es gibt helle wie dunkle Töne. Gerade das ist sein Geheimnis: Er musiziert das Leben mit Licht und Schatten, aber es geht immer der Himmel auf, auch wenn das Dunkle noch so bedrängend ist.

Vermutlich ist es das, was viele Menschen unbewusst bei Mozart empfinden. Dabei hatte er alles andere als ein leichtes Leben. Schon als Kind wurde er vom Vater zu allen möglichen Konzertreisen geschleppt. Ein Konzert folgte dem andern. Von wegen unbeschwerte Kindheit! Vielleicht ist seine Musik gerade deshalb so überzeugend, obwohl er selbst auch später – weiß Gott – nicht nur die heitere Seite des Lebens erlebte.

Auch in der Liebe war es nicht das reine Glück. Obwohl er seine Frau später sehr schätzte, hätte er doch gern deren Schwester zur Frau gehabt. Auch sein Schaffenseifer war alles andere als ruhig und ausgeglichen. Er war geradezu besessen vom Komponieren. Ständig arbeitete es in seinem genialen Kopf. Gäbe es Mozarts Musik nicht, wären wir arm; so aber sind wir reich und dürfen ihm dankbar sein.

Karl Barth meinte einmal spasshaft: Wenn die Engel im Himmel Musik machen, spielen sie vor Gott wohl Bach. Aber wenn sie unter sich sind: Mozart – und dann hört ihnen auch der liebe Gott besonders gern zu.

Kinder setzen sich für Kinder ein

Vielleicht haben Sie den Besuch der Sternsinger gehabt. Dann haben sie Ihnen den Segen fürs Neue Jahr an die Tür geschrieben haben. Seit über 60 Jahren sind Mädchen und Jungen in unserem Land unterwegs von Haus zu Haus; sie singen und sammeln für Not leidende Kinder in der weiten Welt. Die größte Aktion von Kindern für Kinder!
Über 40 Millionen Euro sammeln die Sternsinger in Deutschland und fördern 3000 Kinderprojekte in den 5 Kontinenten der Erde.

Der Segen, den sie nebst der Jahreszahl an die Türen der Häuser schreiben, umfasst die Buchstaben CMB. Sie bedeuten: Christus mansionem benedicat – Christus möge das Haus segnen. Der Volksmund sieht darin die Anfangsbuchstaben von Caspar, Melchior und Balthasar. Hier hat sich eine interessante Verschiebung vollzogen.

Ursprünglich spricht der Evangelist Matthäus von Sterndeutern, die aus dem Morgenland nach Jerusalem kommen. Im Mittelalter wurden daraus Könige, bringen sie doch drei königliche Geschenke mit: Gold, Weihrauch und Myrrhe. Manche sehen in ihnen auch die Vertreter der damals bekannten Kontinente: Europa, Asien und Afrika.

Der Benediktinermönch Anselm Grün sieht darüber hinaus in ihnen die Lebensalter Jugend, Lebensmitte und Alter. Wir erleben diese Phasen des Lebens und spüren, wie notwendig es ist, sich von einer Phase in die andere zu verwandeln. Dazu müssen wir uns aufmachen, wie die Sterndeuter sich aufmachten. Als sie dann ihr Ziel Bethlehem erreichen, bleiben sie nicht stehen und klopfen sich stolz an die Brust. Sie fallen nieder und beten Jesus als den König der Welt an. Anselm Grün sieht in dieser Geschichte einen Weg der Selbstwerdung von Menschen, die sich aufmachen, bis sie ins Haus kommen, bis sie daheim sind.

Die Sterndeuter laden uns ein, dass wir uns aufmachen; sie erinnern uns auch an unser Ziel: Wir sind unterwegs, um eins mit uns zu werden und so zuhause anzukommen. Dabei erinnern sie uns an unsere königliche Würde, die wir haben und die uns niemand nehmen kann.
Darum ist es auf unserem Weg der Selbstwerdung immer weniger wichtig, wie wir vor den Andern dastehen. Entscheidend ist, dass wir mit uns selbst einig sind. Dann entdecken wir auch die Chancen, wie wir mithelfen können bei dem Werk, das uns die Sternsinger zeigen: Solidarität zu üben mit andern Menschen, besonders mit Kindern.

Ein Sprichwort

„Über drei Dinge sollst du dich befragen: über das Gute, was wir unterlassen haben; über das Schlechte, das wir getan haben; über die Zeit, die wir unnütz vergeudet haben.“ So lautet ein italienisches Sprichwort.

Sprichwörter haben ihren Sinn; sie sprechen aus einer Lebenserfahrung heraus. Es ist schon gut nachzudenken über das, was ich unterlassen habe. Mich plagt das viel heftiger, als wenn mir mal ein böses Wort herausrutscht. Ich bedaure dies natürlich, aber das Gute, das ich nicht getan habe, das schlaucht mich mehr.

Oft merke ich erst hinterher, dass ich was nicht beachtet oder einfach übersehen habe. Dann ärgere ich mich über die verpasste Gelegenheit. Ich merke auch, was daran schuld ist: weil ich den Tag mit Terminen voll gepfropft habe. Dann ist kein Raum mehr für Unerwartetes; das stört nur.
Schließlich will ich mein Pensum abarbeiten. Alles, was mich daran hindert, ist lästig.

Ich merke gar nicht, wie ich mich selbst verschließe und überhaupt nicht mehr offen bin für den Menschen, der grad jetzt auf mich wartet oder meine Hilfe braucht.

Schlechtes, das ich getan habe, belastet mich auch. Freilich ist manchmal nicht so einfach zu unterscheiden zwischen gut und schlecht. Ich meine es gut, aber es kommt schlecht an beim Andern; er fühlt sich vereinnahmt, bevormundet.
Darum sagte der Dichter Gottfried Benn einmal: „Das Gegenteil von gut ist nicht bös, sondern gut gemeint." Etwas überzeichnet bedeutet dies: ‚Ich meine es ja nur gut mit dir, aber wehe, du tust nicht, was ich sage; dann bin ich sauer und werde es dir auch zeigen.'
Wenn ich entdecke, dass ich den Andern verletzt habe, ist es wichtig, ihn um Verzeihung zu bitten. Damit wird das Übel zwar nicht aus der Welt geschafft, aber die Beziehung ist geklärt und wir können neu beginnen.

Schließlich der dritte Teil des Sprichwortes: die Zeit, die wir unnütz vergeudet haben. Viele haben oft keine Zeit. So sagen sie zumindest. Klar, wenn ich verplant bin und es kommt etwas Unerwartetes, dann wird es schwierig. Doch manchmal lassen Menschen sich auch in eine Hektik hineintreiben. Dann ist das Jahr „so schnell herumgegangen". Dann hab ich „keine Zeit für nichts" und sehe nur noch, was ich nicht getan habe.
Gerade so entsteht schnell der Eindruck, dass ich meine Zeit unnütz vergeudet habe. Sehe ich sie aber als geschenkte - von dem Gott, der „die Zeit in Händen hält", wie ein Lied sagt, dann stellt sich viel eher das Gefühl einer erfüllten Zeit ein.

Über die Wichtigkeit, einander Gefühle zu sagen

„Der Mensch hat viele Bedürfnisse, das Geltungsbedürfnis steht oben an." Ein Wort zum Nachdenken!
In meiner Jugend sprach man nicht von Bedürfnissen. Dieses Wort wurde höchstens im Zusammenhang mit unserer Körperlichkeit verwendet. Die gruppendynamische Welle der 70er Jahre brachte das Wort in Schwung. Man hatte entdeckt, wie wichtig es in der Paarbeziehung ist, einander zu sagen, welche Erwartungen ich an den Andern habe und welche Bedürfnisse ich selbst habe. Viele Beziehungen scheitern deshalb, weil die Partner sich gerade darüber nicht im Klaren sind.

Besonders wichtig wird es dann, wenn der eine Partner sich beruflich verändert und sich plötzlich mit neuen Anforderungen konfrontiert sieht. Stimmt er sich dann in seiner Partnerschaft nicht ab, ist die Krise vorprogrammiert oder sogar das Scheitern.

Bedürfnisse zu artikulieren ist wichtig. Früher hätte ich das als egoistisch abgetan. Heute sehe ich das anders. Eine Regel, die ich in der Gruppendynamik gelernt habe, scheint mir lebenswichtig für das Zusammenleben: Ich sage dem Andern meine Bedürfnisse und lade ihn dann ganz bewusst ein, die seinigen zu sagen. Gegenseitig versichern wir uns aber, dass jedem freigestellt ist, auf die Bedürfnisse des Andern einzugehen oder nicht; wir lassen einander gelten, wie wir sind. Diese Regel bewahrt mich davor, dass ich nur meine Wünsche sehe und den Andern damit zudecke.

„Der Mensch hat viele Bedürfnisse, das Geltungsbedürfnis steht oben an." Wenn ich spüre, dass der Andere mich gelten lässt, so wie ich bin, dass er mich nicht umerziehen will, dann werde ich mich wie von selbst auf seine Wünsche einstellen und schauen, was ich davon verwirklichen kann. Ich werde ihm aber auch sagen, was ich nicht tun kann oder will. Wenn ich mich um seinetwillen aufgäbe, würde ich weder ihm noch mir dienen. Im Gegenteil: dann wäre ich eher in der Gefahr, den Andern für meine Bedürfnisse zu missbrauchen.

Wo wir einander gelten lassen, finden wir auch immer wieder ein anerkennendes Wort für den Andern, das ihm gut tut. Dann ist die gesamte Atmosphäre besser, sie ist lebenswerter, weil es sich freier atmen lässt.

Wer verzichten kann, lebt glücklicher

„Am reichsten sind die Menschen, die auf das Meiste verzichten können." So sagt der indische Dichter und Philosoph Tagore.
Als Kind hab ich das Wort Verzicht nicht gern gehört. Es tat richtig weh, wenn ich auf ein „Schoklädle" verzichten musste. Die Fasten- und die Adventszeit waren darum gefürchtete Zeiten für mich. Heute sehe ich das anders. Ich versuche ganz bewusst, die Zeit auf Weihnachten oder auf Ostern hin zu leben. So geht nicht alles im gleichen Gang weiter. „Immer dasselbe!" Das führt bald zur Langeweile. Anders ist es, wenn es Abwechslung gibt.

So gibt es eine Zeit des Genießens und eine Zeit des Verzichtens. Wenn ich verzichte, spüre ich intensiver den Wert dessen, worauf ich eine Zeitlang verzichte. Ich fühle mich auch denen näher, die ebenfalls auf etwas verzichten müssen. Bei mir ist es freiwillig, aber gerade wenn ich mich freiwillig einschränke, wird das, worauf ich verzichte, kostbarer für mich.

Außerdem bewahrt mich der Verzicht vor Abhängigkeit. Er schenkt mir eine innere Freiheit, die mich glücklicher leben lässt, denn nur der freie Mensch lebt glücklich. Wer abhängig ist von etwas, fühlt sich unfrei. Unfrei sein wiederum macht nicht glücklich.

Tagore sieht das Verzichten können als Weg zum Glücklich werden. Dieser Weg erfordert Übung, wie ein Klavierspieler üben muss, um gut spielen zu können. Der Advent und die Fastenzeit sind solche Zeiten, die zum Verzicht einladen.

Der Verzicht ist kein Wüten gegen den Leib und seine Wünsche. Im Gegenteil: Wenn ich auf etwas verzichte, spüre ich deutlicher die Bedürfnisse meines Leibes. Gerade deshalb gehe ich aber liebevoll mit mir um.
Wenn das kleine Kind etwas nicht bekommt, was es haben will, dann schreit es. Bekommt es intensivere Zuwendung, kann es mit dem Verzicht umgehen. Genau so brauche ich mehr Zuwendung zu mir selbst, wenn ich auf etwas verzichte. Dann bin ich mir gut und kann den Verzicht gelassener annehmen. So wird der Verzicht zu einer heilenden Kraft.

Gönne ich mir immer und jederzeit alles, was mich gelüstet, bin ich am Ende mein eigener Sklave. Im Verzicht bewahre ich mir meine Freiheit und lebe so menschlicher.

Verstand und Herz

„Der Verstand kann uns sagen, was wir unterlassen sollen, aber das Herz kann uns sagen, was wir tun müssen." Diesen Satz fand ich in auf einer Karte.
Verstand und Herz liegen oft auseinander, nicht nur körperlich. Manchmal wissen wir genau, was wir tun müssten, aber unser Herz bremst uns. Das Herz wiederum gibt uns oft Impulse, wo der Verstand abrät und sagt: „Das hat doch keinen Wert." Dann wieder überlegen wir nüchtern und klar: „So ist es sinnvoll" und plötzlich sagt das Herz: „Hast du auch bedacht, welche gefühlsmäßige Wirkung dein Tun auslöst?"

Der französische Philosoph Blaise Pascal schrieb deshalb in seinen „Pensées", in seinen Gedanken: „Das Herz hat seine Vernunftgründe, die die Vernunft überhaupt nicht kennt."

Manchmal sprechen wir von einem Verstandesmenschen, der eiskalt überlegt und handelt; dagegen lässt der Gefühlsmensch auch seine Emotionen spielen und kommt deshalb zu einem anderen Schluss.

Ich denke, man sollte das Eine nicht gegen das Andere ausspielen. Verstand und Herz sind beide wichtig, und unsere Entscheidungen sind dann am ehesten richtig, wenn sie von beiden geprüft wurden: vom Verstand und vom Herz.

Natürlich sind Verstand und Herz nicht dasselbe. Sie stehen in Spannung zueinander. Das aber macht das Leben spannend. Wie zeigt sich das? Wenn ich eine Situation mit dem Verstand prüfe, dann wäge ich alle Möglichkeiten ab, die sich mir bieten. Ich sehe die Risiken, ich sehe die Chancen.
Dann aber befrage ich mein Herz, mein Gefühl: Wo neigt es hin? Wo habe ich am ehesten ein gutes Gefühl? Weiter frage ich: Wie wirkt es auf den andern Menschen, der von meiner Entscheidung betroffen ist? Wie kann er möglicherweise damit umgehen?

Manchmal kann ich auch gegen alle Vernunft entscheiden, einfach weil ich mit einem Menschen fühle, selbst wenn andere mir sagen: ‚Wir kennen den ganz genau, tu das nicht!‘ Ich aber hab in seinen Augen eine Sehnsucht gesehen und entscheide deshalb für ihn. Ich will ihm einfach eine Chance geben. Wenn das Herz entscheidet, ist es immer richtig, selbst wenn es dem äußeren Schein nach falsch war. Das Herz hat den längeren Arm.

Wer wagt, gewinnt

„Man entdeckt keine neuen Erdteile, ohne den Mut zu haben, alle Küsten aus den Augen zu verlieren." Dieses Wort des französischen Schriftstellers André Gide sehe ich als eine Einladung, etwas zu wagen.
Ohne Wagnis kann ich keine neuen Erfahrungen machen. Ohne Wagnis ist das Leben eintönig, farblos. Wer sich überall absichert, wird nie das Gefühl bekommen: Wie gut, dass ich etwas gewagt habe.

Als ich 46 Jahre alt war, habe ich mich zum ersten Mal in meinem Leben aufgemacht, in ein mir fremdes Land zu gehen, eine andere Sprache zu sprechen, mit Menschen zu leben, die einen völlig anderen Lebensstil haben als ich.
Das hat mich am Anfang viel Kraft gekostet, und ich habe mich öfters sehr, sehr einsam gefühlt. Inzwischen ist das andere Land, nämlich Argentinien, zu meiner zweiten Heimat geworden. Aber zuerst musste ich tatsächlich alle Küsten aus den Augen verlieren, wie André Gide sagt.

Was ich dadurch gewonnen habe, ist unendlich viel: andere Menschen, die mir zu Freunden geworden sind, eine andere Kultur, die ich inzwischen sehr schätze, ohne die meinige gering zu achten. Ich merke, wie ich in vielem nicht mehr so engstirnig und klein kariert denke wie zuvor.

Wenn mir jetzt etwas Fremdes begegnet, wehre ich nicht mehr so schnell ab wie früher. Ich bin vielmehr gespannt, was das Fremde mit mir macht, und ich merke, wie es meinen Horizont erweitert.
Man muss nicht Kolumbus sein und einen neuen Erdteil entdecken. Aber es braucht auch heute Menschen, die einen weiten Blick haben.

André Gides Wort gilt noch immer: „Man entdeckt keine neuen Erdteile, ohne den Mut zu haben, alle Küsten aus den Augen zu verlieren." Nicht umsonst sagt das Sprichwort: „Wer wagt, gewinnt!"

Natürlich bleibt das Wagnis immer ein Risiko. Wir können auch scheitern. Aber trotz Scheitern etwas gewagt zu haben, gibt ein ganz anderes Lebensgefühl als immer im Vertrauten sitzen zu bleiben. Wo wir immer wieder mal zu neuen Ufern aufbrechen, gewinnt unser Leben an Intensität und nicht zuletzt an Freude.

Ein offenes Herz macht das Leben lebenswert

Eine jüdische Geschichte: Rabbi Michael, ein Weiser, lebte in großer Armut, aber die Freude verließ ihn nicht für eine Stunde. Jemand fragte ihn, wie er jeden Tag beten könne: „Gesegnet, der mir alles, dessen ich bedarf, gewährt." Er wisse doch, dass ihm alles, dessen der Mensch bedarf, fehle. Der Rabbi antwortete: „Sicherlich ist, wessen ich bedarf, die Armut. Und die ist mir gewährt."

Wer würde sich seiner Armut rühmen? Das scheint uns unmöglich zu sein. Jeder ist froh an dem, was er hat – und wenn es ein wenig mehr ist, ist er auch nicht böse.

Allerdings stimmt es auch oft, dass der, der hat, immer noch mehr haben will. Habgier ist etwas Schlimmes. Sie zerstört das Herz eines Menschen. Sie zerstört Beziehungen.
Ich denke an manche Erbstreitigkeiten, von denen ich höre. Schade, wenn Menschen wegen Geld ihre Beziehungen aufs Spiel setzen.

Ich habe vor kurzem wieder Armut erlebt – in einer der ärmsten Provinzen Argentiniens: Menschen, die sich nichts leisten können, weil sie gerade das Nötigste haben, um leben zu können. Aber das letzte Stück Brot teilen sie mit einem, auch wenn sie noch nicht wissen, ob sie morgen Mehl kaufen können.

Natürlich können arme Menschen auch habgierig und Reiche großzügig sein. Es braucht die innere Gelassenheit, die der Rabbi in der Geschichte hatte. Deshalb hat er sich für die Armut dankbar zeigt.

Vor allem aber heißt es: „Die Freude verließ ihn nicht für eine Stunde." Sie verließ ihn nicht, weil sein Herz offen war. Das ist das Entscheidende. Es kann einer reich sein oder arm. Wichtig ist das offene Herz, das bereit ist zu teilen, was es hat. Das macht das Leben lebenswert.
Wo Menschen bereit sind zu teilen, werden viele Probleme in unserer Welt verschwinden oder werden zumindest geringer. Denn das Teilen wollen verbündet und verhindert so negative Gefühle, die oft in der Gewalt enden. Teilende Menschen lernen einander zu verstehen – und das ist wichtig.

Kraft im Unglück

„Bewahre mich vor dem primitiven Glauben, es müsse im Leben alles glatt gehen. Schenke mir die nüchterne Erkenntnis, dass Schwierigkeiten, Niederlagen, Misserfolge und Rückschläge eine selbstverständliche Zugabe zum Leben sind, durch die wir wachsen und reifen."

Dieses Gebet von Saint-Exupéry, dem Verfasser des „Kleinen Prinzen", steht im Gegensatz zur Erfahrung vieler Menschen. Viele betrachten nämlich Misserfolge als etwas Negatives, sehen Niederlagen als etwas an, das möglichst vermieden werden sollte, suchen Umwege, um Schwierigkeiten tunlichst zu vermeiden. Für sie sollte im Leben alles glatt gehen.

Saint-Exupéry ist anderer Meinung. Unser Leben braucht auch Schwierigkeiten, braucht auch Rückschläge. So können wir wachsen und reifen.

Saint-Exupéry, der französische Schriftsteller, hat das im 20. Jahrhundert erfahren. Fast 2 Jahrtausende zuvor machte ein anderer Mensch eine ähnliche Erfahrung.

Der Apostel Paulus war ein Mensch, der viel einstecken musste. Sein Weg vom gesetzestreuen Juden, der die Anhänger Jesu verfolgte, bis zum glühenden Verehrer Christi war manchen ein Dorn im Auge. Sie stellten ihm nach und wollten ihn vor Gericht bringen, um ihn unschädlich zu machen.
In seinen Briefen kann man nachlesen, welche schwere Belastungen und Enttäuschungen Paulus ertragen musste: Er wurde verleumdet, er wurde ausgepeitscht, erlitt Schiffbruch, hatte Hunger und Durst Aber er hatte eine unwahrscheinliche innere Kraft; sie stärkte ihn und gab ihm Halt in allen Schwierigkeiten.

Woher hatte er diese Kraft? Paulus vertraute darauf, dass Gott gerade im Leid mit ihm war. So musste er das Negative in seinem Leben nicht ausblenden oder gar als Strafe Gottes sehen. Er fragte nicht: Warum hat mir Gott dieses Unheil geschickt? Vielmehr rief er Gott gerade im Unheil an. Dabei erfuhr er, dass ihm Gott im Unglück nahe ist und ihn stärkt, damit er nicht verzweifeln muss.

Es hat schon Sinn, Schwierigkeiten im Leben nicht aus dem Weg zu gehen, sondern sich ihnen zu stellen. Ich bin heute dankbar, dass auch in meinem Leben nicht alles glatt ging. So wird das Leben reich an Erfahrung und gewinnt an Tiefe.

Der Mensch gilt vor aller Leistung

Am 31. Oktober ist der Tag meines Namenspatrons. Alle, die schon an dem nach ihm benannten See im Salzburger Land waren, kennen seinen Namen: Wolfgang.

Geboren wurde der heilige Wolfgang aber nicht dort, sondern in Pfullingen bei Reutlingen im Jahr 924. Auf der Reichenau erhielt er bei den Benediktinern seine Bildung. In der Trierer Domschule fiel er auf wegen seiner unbequemen Fragen.
Als Regensburger Bischof reformierte er vor allem Klöster, die es nötig hatten. Er selber war anspruchslos, wenn es um seinen persönlichen Besitz ging.

Als das Bistum Prag gegründet werden sollte, gab er bereitwillig Land dafür her. Er hatte ziemlichen Einfluss auf Kaiser Heinrich II. und seine Frau Kunigunde – übrigens das einzige Herrscherpaar, das heilig gesprochen wurde. Wolfgang selbst ist neben Albert dem Großen der einzige Schwaben, der heilig gesprochen wurde. Das macht mich als Schwabe nachdenklich.

Fünf Jahrhunderte nach Bischof Wolfgang wollte ein anderer ebenfalls die Kirche reformieren. An ihn denken die evangelischen Mitchristen. Er hat an diesem Tag im Jahr 1517 seine 95 Thesen zum Ablassstreit veröffentlicht. Damit begann ein Prozess, der am Ende zur Spaltung der abendländischen Kirche führte.

Wiederum fast fünf Jahrhunderte nach diesem Ereignis haben die römische und lutherische Kirche sich in einer Frage geeinigt, die für Luther wichtig gewesen ist, nämlich wie der Mensch vor Gott steht: Ob er sich durch seine Leistung beweisen muss oder in Liebe von Gott angenommen wird, so wie er ist. Heute sind wir uns einig, dass das Letztere stimmt.

Ich sehe, wie viele Menschen heute unter Leistungsdruck stehen. Sie fühlen sich keineswegs so angenommen wie sie sind. Nur wenn sie Leistung und nochmals Leistung zeigen, ist ihr Arbeitsplatz einigermaßen sicher. Viele dürfen sich da nichts erlauben, sonst sind sie unten durch.
Aber so machen wir einander nicht glücklich. Glück ist nur dort, wo Menschen sich so angenommen fühlen wie sie sind. Dann können sie auch Leistung erbringen – sogar viel mehr, als sie sich selber zugetraut haben.

Eine Reform des Leistungsdenkens ist auch heute nötig. Sonst zerbrechen noch mehr Menschen und geraten ins Abseits. Das wäre schlimm für sie und unsere Gesellschaft.

Das wahre Gesicht dieses Tages

Am Vorabend von Allerheiligen gehen manch seltsame Gestalten durch unsere Straßen und klingeln an den Häusern. Sie halten mit ihren grimmigen Gesichtern auch Passanten an und fordern Geld oder Süßigkeiten. Vor ein paar Jahren gab es diesen Spuk noch nicht.
Inzwischen ist er sozusagen „in“. Er ist zu einer zweiten Fasnet geworden – und das am Vorabend von Allerheiligen. Das zusammengezogene Wort Halloween stammt aus dem Englischen „All Hallows Eve“, Abend aller Heiligen, eigentlich eine Verballhornung jenes Tages, an dem nachmittags viele auf den Friedhof gehen und ihrer Verstorbenen gedenken. Sie brauchen dazu weder Spukgeschichten noch Spukgesichter.
Auf vielen Gräbern wird vielmehr ein Kerzenlicht entzündet. Es erinnert an jenes Ewige Licht, in dem die Verstorbenen nach christlicher Auffassung sind, nicht nur die bekannten Heiligen, sondern die vielen unbekannten. Sie sind wie Glasfenster: Wenn die Sonne hindurch scheint, beginnen sie zu leuchten. So ist es mit

den Heiligen. Sie wollen nicht sich in den Mittelpunkt stellen, sie sind durchscheinend für die Sonne Gottes, seine Liebe.

Mich bewegt es, wenn ich einen Menschen treffe, der einfach durch sich selbst spricht. Er gibt nicht an, stellt sich nicht in den Mittelpunkt, spielt sich nicht auf. Er stellt einfach dar, was er ist – nicht mehr und nicht weniger. Er macht sich nicht selbst groß, aber auch nicht klein. Er gibt nicht mehr vor, als er wirklich ist. Er macht sich aber auch nicht klein, um besser dazustehen.

Ich denke an meine Mutter; sie war eine einfache Frau – ohne höhere Schulbildung. Aber sie war einfach liebenswert, auch in ihrem schlichten Glauben. In meiner Jugend habe ich diesen schlichten Glauben noch nicht geschätzt, ja sogar manchmal geringschätzig betrachtet. Heute weiß ich, dass sie in ihrer Schlichtheit eine großartige Frau war, und ich danke Gott für sie.

So danke ich den vielen unbekannten Heiligen, die tagtäglich die Liebe Gottes sichtbar machen. Sie sind nicht vollkommen, sie haben Licht- und Schattenseiten. Beides gehört zu unserem Leben, so wie der Novembermonat beides verkörpert: Licht und Schatten.

Ein nachdenkliches Wort von Albert Schweitzer

„Wer glaubt ein Christ zu sein, weil er die Kirche besucht, irrt sich. Man wird ja auch kein Auto, wenn man in die Garage geht." Ein Wort des Theologen und Arztes Albert Schweitzer.
Es macht mich nachdenklich. Ich treffe immer wieder Leute, die sagen: „Ach, wissen Sie, Herr Pfarrer, ich renne nicht dauernd in die Kirche, aber ich bin trotzdem ein rechter Christ." Natürlich – ich käme nie auf den Gedanken, das Christsein am Kirchgang zu messen.
Aber ich lese in der Apostelgeschichte des Neuen Testamentes: Die ersten Jüngerinnen und Jünger Jesu gingen gern in die Kirche zum

Gottesdienst. Sie hatten zwar noch keinen Kirchenraum, sondern trafen sich in Häusern. Aber warum taten sie es gern? Der Evangelist Lukas berichtet, dass sie gern zusammen kamen, miteinander Gott lobten, die Schriften vorlasen und das Brot in Gemeinschaft miteinander teilten. Nicht nur das – sie teilten auch, was sie hatten, mit denen, die nichts hatten. Das machte ihren „Kirchgang" glaubwürdig: den Alltag miteinander teilen.

„Wer glaubt ein Christ zu sein, weil er die Kirche besucht, irrt sich."
Das Wort von Albert Schweitzer möchte dazu einladen, in die Kirche zu gehen **und** miteinander zu teilen. Er hat das in großartiger Weise als Urwalddoktor im afrikanischen Lambarene verwirklicht.
Viele machen heute etwas Ähnliches, etwa die Gesellschaft „Ärzte ohne Grenzen". Ein pensionierter Freund von mir geht immer wieder mit seiner Frau zu Ärzteeinsätzen nach Indien und Afrika.
Jugendliche gehen als Missionare auf Zeit ein Jahr oder zwei zum Einsatz in ein Entwicklungsland oder leisten hier einen sozialen Dienst. Sie halten sich nicht für besser als die, die nicht in die Kirche gehen. Sie freuen sich an der Gemeinschaft in der Kirche und setzen sich gleichzeitig im Alltag für ihre Mitmenschen ein.

Gelebtes Christentum – darum ging es den Anhängern Jesu damals, darum ging es Albert Schweitzer, darum geht es auch heute.

Eine faszinierende Heilige

„Mein Wesen ist Feuer." Ein Wort der hl. Katharina von Siena. Ihr Gedenktag ist am 29. April.

Mich fasziniert sie. 1347 wurde sie als 23. Kind eines Wollfärbers im italienischen Siena geboren. Ich kann mir nicht vorstellen, was diese Tatsache - das 23. Kind – für die Eltern bedeutete. Man weiß nur, dass es früh zu einem heftigen Konflikt zwischen Eltern und Tochter kam, weil diese ein strengeres Christentum vertrat als ihre Eltern.

Mit außergewöhnlichen Fähigkeiten begabt sah Katharina den schrecklichen Verfall der Kirche ihrer Zeit. Über den Klerus urteilte sie: „Ihr Säulen der Kirche seid schwächer geworden als Strohhalme; keine Blumen seid ihr, die Düfte ausströmen, sondern Gestank, denn die ganze Welt habt ihr verpestet.“ Diese harte Kritik kommt aus einer brennenden Liebe zur Kirche.

Ihr war es auch ein Dorn im Auge, dass die Päpste damals im französischen Avignon residierten. Nach vielen vergeblichen Briefen reiste sie selbst nach Avignon. Papst Gregor XI. ließ sie 10 Tage warten, bis er sie empfing. Er versuchte sie zu beschwichtigen, doch Katharina ließ nicht locker.

Tatsächlich kehrte der Papst nach Rom zurück, aber zum großen Leidwesen Katharinas mit einem Heer von Soldaten. Sie wollte einen Friedenspapst, nicht einen Heerführer. In den damals zerstrittenen Städten Italiens trat Katharina umso unermüdlicher als Friedensstifterin auf.

Sie erreichte ihr Ziel nicht. Man tat sie als naives Mädchen ab, das von Politik nichts versteht. Das war damals so verräterisch wie heute. Katharina ließ das unbeeindruckt. Sie entlarvte, was andere als hohe Politik ausgaben.

Nathan Söderblom, ein schwedischer Religionsgeschichtler, sagte: „Heilige sind Menschen, durch die es den Anderen leichter wird, an Gott zu glauben.“ Katharina gehört zu ihnen, denn ihr Wesen war offen für Gott. So war sie wirklich ein Feuer. Sie war glaubwürdig, weil sie lebte, was sie sagte. Sie kritisierte, weil sie liebte. Solche Menschen faszinieren auch heute noch.

Gedanken zum Tag der Arbeit und zu Christi Himmelfahrt

Ich weiß nicht mehr, ob in meinem Leben Christi Himmelfahrt und der 1. Mai schon einmal auf dasselbe Datum fielen. Die Arbeiterkundgebungen scheinen mit einem Fest wie Christi Himmelfahrt nichts zu tun zu haben.
Zumal der Himmelfahrtstag von vielen als Vatertag begangen wird und ein Fest im Grünen ist.
Die katholische Kirche hat zwar dem Arbeitertag etwas nachgekarrt und den 1. Mai zum Fest des heiligen Josef, des Arbeiters, gekürt.

Aber egal, was wir nun morgen feiern, welchen Akzent wir diesem Tag geben – für mich hängt alles schon ein wenig zusammen.

Wir machen in meiner Gemeinde morgen vor dem Gottesdienst im Nachbarort eine Flurprozession. An vier verschiedenen Stationen unterwegs denken wir zunächst an die Arbeit und bitten um Gottes Segen für unsere Arbeit; dabei vergessen wir nicht die Arbeitslosen.
Dann erinnern wir uns der Gabe des täglichen Brotes, die zwar uns beschert ist, aber vielen anderen Menschen auf der Welt nicht oder nur sehr dürftig. Wir denken an unser Bemühen um eine gerechtere Verteilung der Güter in der Welt.
Bei der dritten Station bitten wir um Sicherheit auf den Straßen, um die nötige Rücksicht im Straßenverkehr. Bei der letzten Station ist der Friede in unserer Welt und in unserer Gemeinde im Blick.

Danach feiern wir den Himmelfahrtsgottesdienst und hören, was Himmelfahrt sagen will: natürlich keine Raumfahrt, sondern die Botschaft von der weltumspannenden Liebe Gottes, die Raum hat für jeden Menschen und jedes Volk, wo es keine Ausgrenzungen gibt, keinen Lokalpatriotismus, sondern jene Universalität, die diese Botschaft kennzeichnet.

Gott hat Raum für alle – für mich ist das ein schönes Bild, das den morgigen Tag kennzeichnet. Ich gehe dann gern ins Grüne und spüre über mir den hoffentlich sonnendurchfluteten Himmel.

Ich wünsche einen schönen Tag morgen – und falls es regnet, seien wir nicht traurig. In Argentinien, meiner zweiten Heimat, sagt man immer: Dann liegt ein besonderer Segen darauf.

Was Kinder in Erwachsenen auslösen können

„Leben ist eine Flamme, die sich selbst verzehrt; aber sie fängt jedes Mal wieder Feuer, wenn ein Kind geboren wird." Ein Wort des englischen Schriftstellers George Bernard Shaw.
Es drückt eine Erfahrung aus, die ich bei Eltern wahrnehme, wenn sie ihr erstes Kind taufen lassen. Die Beziehung des Paares hat sich durch die Geburt eines Kindes grundlegend verändert. Bei allen Einschränkungen, die ein Ehepaar durch das Kind auf sich nimmt, spüre ich die neue Lebensqualität.
Auch wenn uns Deutschen nachgesagt wird, wir seien nicht so kinderfreundlich wie unsere Nachbarn – ich merke, wie sehr Kinder Leben in unsere Gesellschaft bringen.

Gleichzeitig bedaure ich es sehr, wenn Kindern nicht oder nicht gern die Räume gewährt werden, die sie zu ihrer Entfaltung brauchen.

Ich bedaure es auch, wenn Kinder schon so verplant sind wie Erwachsene. Eine 10jährige sagte mir, als ich sie für unsere Ministrantenrunde gewinnen wollte und zum ersten Treff einlud: „Da hab ich leider schon zwei Termine, deshalb kann ich nicht kommen." Ob es einem Kind gut tut, schon so verplant zu sein und keine Zeit mehr zu haben?

Trotz allem ist die Geburt eines Kindes, wie George Bernard Shaw sagt, ein erneutes Aufflammen des Lebensfeuers.

Freilich bleibt auch immer ein Vorbehalt, wie ihn der libanesische Schriftsteller Khalil Gibran formuliert hat: „Eure Kinder sind nicht *eure* Kinder. Es sind die Söhne und Töchter von des Lebens Verlangen nach sich selber. Sie kommen durch euch, doch nicht *von* euch; und sind sie auch bei euch, so gehören sie euch doch nicht. Ihr dürft ihren Leib behausen, doch nicht ihre Seele. Denn ihre Seele wohnt im Hause von morgen, das ihr nicht zu betreten vermöget, selbst nicht in euren Träumen. Ihr dürft euch bestreben, ihnen gleich zu werden, doch suchet nicht, sie euch gleich zu machen."

Ich denke, genau dies fällt Eltern nicht in den Schoß. Sie müssen es manchmal mühsam lernen. Aber die Liebe bringt es fertig, sie kettet nicht, sie kann loslassen.

Der Pfingstgeist

Pfingsten ist ein Ausflugsfest, zumal der Pfingstmontag. Viele Länder haben diesen zweiten Feiertag nicht, genau so wenig wie den Ostermontag oder den zweiten Weihnachtstag.
Verständlich, dass es immer wieder Versuche gibt, den zweiten Feiertag abzuschaffen. Ich bin froh, dass wir ihn haben. Denn so lassen mich diese Feste spüren, dass es um etwas Besonderes geht.

Von allen drei Festen Weihnachten, Ostern und Pfingsten ist gerade Pfingsten jenes Fest, das vielen Menschen am wenigsten sagt. Dabei hat dieses Fest eine Botschaft, die lebensnotwendig ist für unsere Welt. Es geht um den Geist Gottes, der alle Menschen erfassen will, egal, welche Hautfarbe sie haben oder von welcher Rasse sie abstammen. Dieser Geist will alle Völker verbinden durch eine Sprache, die jeder versteht und die jeder braucht: die Sprache der Liebe.

Der Evangelist Lukas schildert mit einem farbigen Bild, wie an Pfingsten dieser Geist über die Gemeinde in Jerusalem kommt. Danach kommt er auf die ersten Jüngerinnen und Jünger Jesu in Form von Feuerzungen. Die Zunge befähigt zum Sprechen, das Feuer ergreift alles und verwandelt es in Energie.
Wo Menschen sich von diesem Pfingstgeist umtreiben lassen, dort finden sie jene Sprache, die zum Herzen des andern Menschen dringt, gerade dann, wenn er mir fremd oder unnahbar scheint.

Wenn der Pfingstgeist das Sagen hat, dann finden die Menschen trotz unterschiedlicher Sprache eine gemeinsame Mitte. Das hat damals die junge Christengemeinde so attraktiv gemacht, dass sie sich im ganzen Römischen Reich ausbreiten konnte.
Das ist auch heute attraktiv, wenn man sieht: Bei diesen Christen herrscht ein Geist der Liebe, wo man einander zu verstehen sucht, auch wenn verschiedene Ansichten da sind. Da drückt nicht einer seine Meinung rücksichtslos durch, da lässt man verschiedene Meinungen gelten und ringt sich – wenn nötig – zu einem Kompromiss durch, mit dem alle leben können.

Pfingsten – dazu gibt es in der Bibel eine Kontrastgeschichte: die Geschichte vom Turmbau zu Babel. Dort haben die Menschen eine gemeinsame Sprache gesprochen, aber am Ende verstehen sie einander nicht mehr. Warum? Sie demonstrieren ihre Macht, sie wollen sein wie Gott und bauen deshalb – so die Geschichte – einen Turm, dessen Spitze bis zum Himmel reicht. Am Ende stürzt der Turm ein und keiner versteht mehr den andern.

Wenn Menschen nur ihre Macht sehen und die Größten sein wollen, steht am Ende das Chaos.
Anders die Pfingstgeschichte. Dort sprechen die Menschen verschiedene Sprachen und verstehen sich doch. Warum? Weil sie der eine Geist verbindet: die Liebe.

Wir Menschen haben die Wahl zwischen dem Turmbau zu Babel und dem Pfingstgeist. Eine Konferenz verschiedener Staaten scheitert, wenn jeder nur für sich was herausholen will. Wenn alle sich auf eine Sprache verständigen, die das persönliche Wohl mit dem der andern verknüpft, dann haben alle gewonnen.

Das klingt banal, aber genau das will der Pfingstgeist: dass jeder sein Wohl mit dem der andern verbindet. Das Bild von den Feuerzungen, die auf die Gemeinde Jesu herabkamen, will nicht bloß ein äußerliches Brennen signalisieren, es will eine innere Glut entzünden. Sie kann dann Menschen, die verschieden sind, bereichern; jeder entdeckt den Wert des Andern und freut sich an der Vielfalt der Gaben und Fähigkeiten. Das vermag der Pfingstgeist, weil er ein Geist der Liebe ist. Liebe lässt den Andern gelten wie er ist und freut sich an seiner Begabung.

Als Student fand ich im Bonner Südfriedhof einen Grabstein, auf dem stand geschrieben: „Der Pfingsttag kennt keinen Abend, denn seine Sonne, die Liebe, kennt keinen Untergang."
Mich hat dieser Spruch bewegt, weil er etwas sehr Schönes sagt: Die Liebe, die der Pfingstgeist ausdrückt, ist eine Kraft, die selbst den Tod überdauert. Der Tod ist die schlimmste Herausforderung des Menschen. Er scheint alles zunichte zu machen.

Wenn darum eine Ehepartnerin ihren Partner beerdigen muss und diesen Spruch auf den Grabstein schreiben kann, dann kommt zum Ausdruck, dass die Liebe tatsächlich stärker ist als der Tod.

Diesen Geist der Liebe brauchen wir in allen Situationen des Lebens, in den familiären wie den beruflichen, im Freundeskreis wie in der Kirche oder im Verein, im sozialen wie im politischen Umfeld. Wir sind eingeladen, uns in diesem Geist zu verständigen und einen gemeinsamen Weg zu suchen.
Ich wünsche uns allen diesen pfingstlichen Geist der Liebe.

Muttertag

Gestern war Muttertag. Meine Mutter konnte diesen Tag nicht leiden. „Einmal im Jahr treibt man solchen Aufwand und am Tag danach ist alles vorbei“, sagte sie.
Heute ist der Tag danach. Haben Mann und die Kinder heute wieder am Essen herumgenörgelt, nachdem sie gestern voll des Lobes waren? War heute alles vergessen, was gestern versprochen wurde? Wird die Familie die Arbeit der Mutter mehr schätzen?
Ich erinnere mich noch gut und manchmal auch schmerzlich, wie selten wir unserer Mutter gedankt haben für das, was sie anscheinend wie selbstverständlich tat. Erst wenn sie krank war, haben wir gemerkt, was alles fehlt, wo es überall klemmt.

Dabei hatte meine Mutter keinen zweiten Beruf außer Haus, sie war Hausfrau und voll ausgelastet mit Mann, vier Kindern, Haus und Garten. Außerdem engagierte sie sich in der Kirchengemeinde und betrieb noch eine kleine Versicherungsagentur. Eigentlich wäre sie gern Lehrerin geworden mit lauter Einsern im Zeugnis, aber das ließ die finanzielle Situation ihrer Ursprungsfamilie nicht zu.

Mütter haben es nicht leicht, vor allem, wenn sie zwei Berufe haben. Noch schwieriger wird es, wenn sie allein erziehend sind. Da kommen unwillkürlich während ihrer Arbeit außer Haus immer wieder die Gedanke: ‚Wie geht es grad mit den Kindern? Wie kommt Juliane mit der Mathearbeit klar? Was macht Christian auf dem Ausflug? Benimmt er sich ordentlich oder geht er der Lehrerin auf die Nerven? Kommen alle wieder gesund heim?‘

Dass manche Mütter wegen der Doppelbelastung selbst auch weniger belastbar sind oder weniger Geduld mit den Kindern haben, ist verständlich. Aber Kinder brauchen eine Engelsgeduld; vor allem brauchen sie Zeit zum Zuhören. Wo dies zu kurz kommt, kommt emotional etwas zu kurz im Leben des Kindes.

Dann ist die Zukunft des Jugendlichen gefährdet und die Gefahr wird größer, dass er auf Abwege kommt.
Damit die Mutter belastbar bleibt, muss sie sich immer wieder was gönnen, was ihr selbst gut tut. Dann hat sie auch mehr Luft für die Kinder.

Wer lacht, schafft Beziehung

„Lachen und Lächeln sind Tür und Pforte, durch die viel Gutes in den Menschen hineinhuschen kann." Dieses Wort von Christian Morgenstern erinnert mich an eine Jugendliche, die während der Schulferien in einem Multimarkt an der Kasse jobte.

Sie erzählte mir, dass sie sich wunderte über die verschlossenen Gesichter der Kunden, die ihr dann an der Kasse begegneten. Da beschloss sie, jede Kundin und jeden Kunden ganz bewusst anzulächeln, wenn sie ihren Einkaufskorb zur Kasse brachten. Und sie war beglückt, wie viele auf einmal zurücklächelten – und schon war ihre monotone Arbeit nicht mehr so eintönig.

Ein Sprichwort sagt, Lächeln sei die freundlichste Art, dem Andern die Zähne zu zeigen. Verbissene und verschlossene Gesichter verbreiten eine Atmosphäre der Feindseligkeit um sich. Da ist es uns gar nicht wohl, und wir möchten am schnellsten verschwinden.
Ein Lächeln sprengt die Verschlossenheit des Andern auf, es schafft Beziehung, es bringt Menschen ins Gespräch, und alle Feindseligkeit verschwindet. Es braucht nicht einmal viele Worte, ein lächelnder Blick schafft bereits ein Klima, wo man sich wohl fühlt.

Natürlich ist mir nicht immer zum Lachen. Wenn ich etwas sehr Schmerzhaftes erlebt habe, kann ich nicht lachen. Als ich in der Osterwoche eine 42jährige Mutter beerdigen musste, war mir genauso zum Heulen wie denen, die an der Beerdigung teilnahmen, zumal ein Jahr zuvor die Sechsjährige der Familie tödlich verunglückt war – ein Schmerz, den die an Krebs erkrankte Mutter nicht verwinden konnte.

Dennoch war auf dem Liedblatt für die Beerdigung das strahlend lächelnde Gesicht dieser Frau abgebildet. Es war in guten Zeiten aufgenommen worden. Und wir spürten trotz allem Schmerz, dass das Lächeln das letzte Wort hat. Für mich war es ein österliches Lächeln, das mir sagte: Stärker als Schmerz und Tod ist das Lächeln dessen, der um jenes Leben weiß, von dem die christliche Botschaft spricht.

Wer daran glauben kann, ist gerade mit dem Leidenden solidarisch, er wischt den Schmerz nicht hinweg, er bleibt dem Leidenden nahe. Gemeinsam suchen sie einen Weg, der irgendwann auch wieder Lächeln und Lachen kennt.

Wer unterwegs ist, lernt immer dazu

Ich habe heute Nachmittag mit den Senioren meiner Gemeinden eine Wallfahrt nach Tiefenbronn gemacht. Dieser Ort unweit Pforzheim besitzt eine Marienkirche mit einem gotischen Flügelaltar aus dem 15. Jahrhundert. Der Altar und weitere Kostbarkeiten der Kirche zeugen von der Religiosität der damaligen Menschen und laden heute zur Betrachtung ein. So kann der Mensch von heute Antwort finden auf sein Fragen und Suchen.

Wallfahren ist für manche Menschen wieder wichtig geworden. Natürlich weniger eine Buswallfahrt, wie wir sie gemacht haben. Eher schon eine Fußwallfahrt, darunter besonders die nach Santiago de Compostela in Nordspanien.
Manche erzählen, wie sie gerade durch diese Wallfahrt neue Impulse für ihr Leben bekommen haben. Die damit verbundene Anstrengung, zu Fuß zu gehen – bei Wind und Wetter, Kälte oder

Hitze, manchmal mit wunden Füßen – das alles gehört zu dieser Erfahrung dazu.

Muslime pilgern wenigstens einmal im Leben nach Mekka. Christen wählen zwischen Jerusalem, Rom oder eben Santiago, um nur die traditionellen Orte zu nennen. Andere pilgern zu einem Marienheiligtum oder wohin auch immer.
Dabei können sie wichtige Erfahrungen machen: Unterwegs zu sein, von einem Ziel ans andere sich aufzumachen, nicht zu wissen, was der Tag alles bringen wird, wie die Unterkunft sein wird – dies alles kann zum Sinnbild des Lebens werden: ich bin ständig unterwegs, muss mich immer wieder neu aufmachen, auf neue Situationen einstellen. Ich hab zwar ein Ziel, aber wie ich dahin komme, ist ungewiss.

Mit meinen Senioren hab ich heute solche Erfahrungen nicht machen können. Wir saßen gemütlich im Bus. Aber auch eine solch kleine Reise ist wie ein Sinnbild: aufbrechen, etwas Neues erleben, gut ankommen und hoffentlich auch wieder gut heimkommen, ausruhen und sich dann wieder von neuem auf den Weg machen – das sind Erfahrungen, die uns vor etwas bewahren, nämlich festzufahren, zu erstarren, uns nur noch auf das Vergangene zu fixieren und der Zukunft misstrauisch entgegen zu blicken.
Wer gewohnt ist aufzubrechen, bereichert sein Leben durch neue Erfahrungen und kann am Ende dankbar auf das Erfahrene blicken.

Wenn ich nochmals könnte...

„Wenn ich nochmals leben könnte, würde ich wagen, mehr Fehler zu machen, weniger Dinge ernst zu nehmen, mehr Gelegenheiten ergreifen, mehr Berge besteigen, mehr Flüsse durchschwimmen, mehr Eiscreme essen und weniger Bohnen", so schreibt eine 85jährige Frau.
„Wenn ich nochmals leben könnte..." diesen Wunsch hat mancher. Vor allem, wenn er plötzlich merkt: Ich hab aus meinem Leben gar nicht gemacht, was ich hätte machen können. Eine solche Erkenntnis schmerzt. Aber ist sie hilfreich?

Ich glaube nicht. Sie macht alles madig, was ich getan habe. Sie legt einen Schleier des Negativen über mein ganzes Leben.
Dagegen sang die Französin Edith Piaf in einem ihrer Chansons: „Je ne regrette rien" – ich bedaure nichts. Das gefällt mir viel besser. Natürlich gehört viel innere Kraft dazu, das stehen zu lassen, was mein Leben ausmacht und es sogar positiv zu sehen.

Das bedeutet nicht, alles zu verklären, wohl aber es anzunehmen als ein Stück von mir – auch das, wo ich versagt habe oder jemand etwas schuldig geblieben bin. Sich auszusöhnen mit seiner Vergangenheit macht die Bürde der Zukunft leichter.

Die 85jährige, die nochmals leben möchte, bekennt: „Ich war einer jener Menschen, der niemals unterwegs war ohne Thermometer, ohne Wärmflasche, ohne Regenmantel und ohne Fallschirm. Wenn ich es nochmals tun könnte, würde ich mit weniger Gewicht reisen."
Da hat sie sicher Recht: Sich weniger abzusichern, sich nicht unnötig Ballast aufzuladen, macht das Leben spannender, auch aufregender, vor allem aber erfüllter.
Zuletzt rät die 85jährige: „Ich würde mehr zum Tanzen gehen, mehr Karussell fahren und mehr Gänseblümchen pflücken."

Sie sagt: „Ich würde“ – vielleicht will sie uns sagen: „Tut es doch – noch ist es Zeit!“

Faszinierende Worte

Heute früh sprach ich in einer Bildungswerkstatt der Volkshochschule mit Frauen über die Bergpredigt. Ich spreche gern über diese Rede Jesu, die der Evangelist Matthäus konzipierte. Warum?
Weil ich meine, sie spricht vieles an, was unser Leben glücklicher und erfüllter macht. Das tut sie aber dadurch, dass sie provoziert.

Es beginnt schon mit der Ouvertüre, den so genannten Seligpreisungen. „Selig, die arm sind vor Gott!“ Es ist in der Tat viel leichter, mit Menschen gut auszukommen, die nicht dauernd betonen, wie toll sie sind, die vielmehr eingestehen können, dass sie auch mal versagen oder schuldig werden. Menschen, die sich vor Gott arm sehen, wissen auch, dass das Meiste im Leben geschenkt ist.

Oder „Selig die Trauernden!“ Trauer ist für viele negativ beladen. Sie lähmt uns, nimmt uns die Freude am Leben, macht uns hilflos. Aber wer wirklich mit andern trauert, wer anderen in ihrer Trauer beisteht, wie wir es nach dem Winnender Amoklauf gesehen haben, der spürt auch, wie viel er andern Menschen bedeuten kann durch sein Dasein, sein Mitfühlen.

Auch diese Seligpreisung schafft Verbundenheit: „Selig, die hungern und dürsten nach Gerechtigkeit!“ Wir spüren das Unrecht, wenn wir sehen, wie die Güter der Welt verteilt sind, wenn wenige viel besitzen und viele wenig. Dabei hat Gott die Güter der Erde allen Menschen anvertraut. Wie ermutigend ist es, wenn Menschen den Hunger und Durst anderer nach Gerechtigkeit spüren und sich in ihren Dienst stellen, sei es in einem Entwicklungsland oder in einer Organisation hierzulande.

Ein Satz, der in der Bergpredigt sehr provoziert, lautet: „Liebet eure Feinde!“ Wie kann ich den lieben, der mir das Wasser abgräbt? Martin Luther King hat dazu einen wichtigen Hinweis gegeben. Die Liebe, die hier im griechischen Text gemeint ist, ist nicht die freundschaftliche, sondern die schöpferische, also jene Liebe, die versucht, dem Andern die Angst vor mir zu nehmen. Sie macht deutlich, dass sein Hass gegen mich ihn selbst zerstört und dass es uns beiden gut tut, wenn wir aufeinander zugehen.
In diesem Sinn fasst die Goldene Regel der Bergpredigt alles zusammen: „Was du willst, das dir die andern tun, das tu du ihnen.“ So wird unser Leben erfüllter, und das wünsche ich uns allen.

Versuchung

Ich möchte heute Morgen nicht den Appetit beim Frühstück verderben, wenn ich uns jetzt mitnehme in einen menschlichen Abgrund.
Heute am 1. Fastensonntag wird in den katholischen Gottesdiensten über die Versuchungen gesprochen, denen Jesus von Nazareth ausgesetzt war. Der Evangelist Matthäus berichtet von drei Versuchungen (Mt 4).

Die erste Versuchung besteht darin, alles unter dem Aspekt zu sehen: Was bringt's mir? Was nützt es mir? „Befiel, dass aus diesen Steinen Brot wird“, sagt der Versucher zu Jesus. Jesus soll seine göttliche Kraft dazu verwenden, alle menschlichen Bedürfnisse zu befriedigen.

Manche erwarten das heute von den politisch Verantwortlichen. Die sind vielfach überfordert. Natürlich müssen sie sich um Arbeitsplätze bemühen. Natürlich müssen sie schauen, wie die

finanzielle und wirtschaftliche Krise vermindert oder gar beseitigt wird.
Ich denke grad an einen Familienvater mit drei Kindern, der nur einen Zeitvertrag hatte und jetzt ohne Arbeit da steht. Er möchte nicht Sozialempfänger werden. Aber es ist schlimm, dass er auf seine Bewerbungen nur Absagen bekommt.

In der Versuchungsgeschichte geht es noch um mehr. In jedem Menschen steckt ein Hunger, der nicht durch Geld und Konsum zu beheben ist. Wer hungert nicht danach, dass er von andern anerkannt wird, dass er sich akzeptiert fühlt! „Der Mensch lebt nicht vom Brot allein“, sagt Jesus, „sondern von jedem Wort, das aus Gottes Mund kommt.“

Was kommt aus Gottes Mund? Keine Botschaft, die mich nieder macht, die mir vorhält, wo ich überall versagt habe, was ich nicht fertig gebracht habe. Gottes Wort will mich aufrichten, mir Mut machen, dass ich meines Lebens froh werde.
Dann kann ich mich auch dem stellen, was mich herausfordert oder belastet. Gottes Wort spiegelt sich in den Worten eines Mitmenschen, der mich ermutigt, der mich tröstet, wenn ich am Boden bin, der mich spüren lässt: ich verstehe dich.

Das haben die Menschen gespürt, die Jesus begegnet sind. Das sollen sie auch heute spüren – durch uns.

In der zweiten Versuchung soll Gott herhalten, um die Gegner zu besiegen. Ich führe zwar das Wort Gott im Mund, aber eigentlich will mein Ego befriedigt werden. „Gott mit uns“ und dann los gegen den Andern! Aber der Andere ist genau so wie ich ein Abbild Gottes. Er hat genau so eine Sehnsucht wie ich. Er möchte wie ich geschätzt und anerkannt sein.

Die dritte Versuchung ist die der Macht über andere. Sie spiegelt sich in jenen Märchen, die von einem Teufelspakt sprechen. Der Mensch betet die Macht an, mit der er andere beherrschen will. Im

Dritten Reich haben wir das in grausamer Weise erlebt. Wo Macht missbraucht wird, endet alles im Chaos. Man braucht nur die diktatorischen Regime in der Welt anzuschauen.

Aber auch eine demokratische Regierung ist nicht davor gefeit, Macht zu missbrauchen. Denn immer sind es Menschen, die handeln – und in jedem Menschen steckt diese Versuchung.
Wer immer mit andern Menschen zu tun hat, kann in diese teuflische Versuchung geraten. Wer sich aber wie im Märchen dem Teufel verschreibt, verliert seine Freiheit und wird seelisch kalt und unbarmherzig. Wer dagegen der Versuchung widersteht wie Jesus, schafft eine heilende Atmosphäre um sich. Der Evangelist Matthäus drückt dies so aus: „Es kamen Engel und dienten ihm."

Jesus widerstand in seinem Leben der Versuchung zur Gewalt, auch wenn er selbst ein Opfer der Gewalt wurde. Später passierte dasselbe Mahatma Gandhi, Martin Luther King und Erzbischof Romero, um nur einige berühmte Vertreter der Gewaltfreiheit zu nennen.
Da spüren wir, wie gerade gewaltfreie Menschen von andern als Bedrohung angesehen werden. Darum beten die Christen in Lateinamerika nicht: „Führe uns nicht in Versuchung." Sie sagen: „Lass uns in der Versuchung nicht fallen."

Die Versuchung zur Macht ist da, sie steckt in uns Menschen. Wer ihr aber ins Angesicht schaut, kann sich wappnen, dass er ihr nicht verfällt. Die Fastenzeit, die am Aschermittwoch begonnen hat, lädt dazu ein, aufmerksamer zu sein – aufmerksamer auf all die Situationen, wo die Macht uns bedroht.
Keiner ist davor gefeit, den andern beherrschen zu wollen. Wer fastet und sich im Verzichten übt, der ist auch sensibel, wenn ihn die Versuchung überkommt, jemand beherrschen zu wollen.
Freiwilliges Verzichten schenkt innere Freiheit. Wer aber frei ist, der lässt sich auch nicht durch die Macht versklaven. Er versucht vielmehr, nach der Goldenen Regel der Bergpredigt Jesu zu leben: „Was du willst, dass dir die Andern tun, das tu du ihnen."

Wo dieser Geist herrscht, ist keine Gefahr, Macht zu missbrauchen. Da wird vielmehr alle Macht dazu benützt, Menschen zu helfen, sich zu entfalten und all das einzubringen, was jeden Menschen persönlich auszeichnet, seine Begabung, seine Fähigkeiten.
So wird das Leben sinnvoll und wir können einander glücklich machen.

Zwei kostbare Schätze

Großeltern sind wichtig. Ich merke das bei meinen Besuchen in Familien. Ich nehme es ein wenig schmerzlich wahr, weil ich selbst nie das Glück hatte, Großeltern zu erfahren. Sie waren alle schon im Himmel, als ich auf die Welt kam.

Großeltern können großzügiger sein als Eltern. Sie haben mehr Lebenserfahrung und einen weiteren Blick. Sie müssen sich nicht mehr an kleinen Konflikten festbeißen. Durch den Abstand, den sie den Eltern gegenüber haben, können sie die Kleinen gelassener heranwachsen sehen.
Sie können sie auch verwöhnen. Eltern müssen da ein wenig strenger sein. Ich denke an einen Jungen, dessen Oma ich beerdigen musste. Er war sehr geknickt, und seine Mutter sagte: „Klar, wenn er Zoff mit mir hatte, sagte er immer: ich geh jetzt zur Oma." Und die Oma brachte die Sache wieder in Ordnung.

Am 26. Juli gedenkt die katholische Kirche der Großeltern Jesu: Joachim und Anna. In der Bibel tauchen sie nicht auf. Erst zu Beginn des 3. Jahrhunderts werden ihre Namen in einer Schrift erwähnt.
Für mich ist es wichtig zu sehen, dass Jesus von Nazareth auch Großeltern hatte. Das bringt ihn mir menschlich näher. Er schwebt dann nicht irgendwo jenseits, sondern steht mit beiden Beinen auf unserer Erde, zumal wir wissen, wie sehr eine orientalische Großfamilie zusammenhält.

Zwar hat Jesus sich als Erwachsener von seiner Familie abgesetzt. Er wollte eine neue Familie gründen – eine Familie, die nicht auf Blutsbande begrenzt ist, sondern auf Freundschaft gründet. Dennoch denke ich gern an ihn und seine Großeltern. Ich male mir aus, was er wohl mit ihnen erlebt hat. Sicher haben sie sein Leben geprägt, wie es Großeltern immer tun.

Darum möchte ich Großeltern ermutigen, ihre Rolle den Enkeln gegenüber wichtig zu nehmen. Einen Ort zu haben, wo die Kleinen sich geborgen fühlen, ist wichtig. Dann können sie mit allem kommen, was sie umtreibt. Großeltern haben Zeit und ein weites Herz.

Familienbande sind wichtig, aber Freundschaft ist genau so wichtig. In eine Familie wird man hineingeboren, Freunde kann man sich aussuchen.
Dennoch ist die Freundschaft ein Geschenk; ich kann sie nicht erzwingen. Aber ich kann was dafür tun. Ich kann lernen, mich in andere Menschen hinein zu fühlen.

Das Erste dabei ist: zuhören. Das ist gar nicht so einfach. Wenn ich lerne aufmerksam zuzuhören, werde ich auch das wahrnehmen, was der Andere nicht direkt sagt, sondern versteckt. Ich höre seine leisen Töne. Wenn ich darauf sensibel reagiere, fühlt er sich verstanden. Das tut nicht nur ihm gut, sondern auch mir. So kann sich Freundschaft bilden, und sie ist ein kostbarer Schatz.

Apropos Schatz: Im heutigen Sonntagsevangelium heißt es: „Mit dem Himmelreich ist es wie mit einem Kaufmann, der schöne Perlen suchte. Als er eine kostbare Perle fand, verkaufte er alles, was er besaß, und erwarb sie.“ Freundschaft ist für mich eine solch kostbare Perle. Natürlich kann es in der Freundschaft auch Probleme geben wie in jeder Beziehung.

Dazu fand ich auf einer Postkarte folgenden Satz: „Freundschaft ist eine Tür zwischen zwei Menschen; sie kann manchmal knarren, sie klemmt hin und wieder, aber sie ist nie verschlossen."

Eine Tür kann man ölen, wenn sie quietscht, damit sie besser läuft. Auch Freundschaft will geölt, will gepflegt sein. Aber es ist gut zu wissen, dass wahre Freundschaft nie ganz zumacht, auch wenn die Tür manchmal schwer aufgeht. Freundschaft ist ein kostbarer Schatz, sie gibt uns unendlich viel.

Eine russische Geschichte erzählt: Ein heruntergekommener Mann sitzt am Straßenrand und hält denen, die vorbeikommen, bettelnd die offene Hand hin. Die Meisten nehmen von dem Bettler keine Notiz. Ein einziger bleibt stehen und sagt: „Ich würde dir gern etwas geben, aber eben habe ich bemerkt, dass ich nicht eine Kopeke in der Tasche habe."

Darauf gibt ihm der Bettler die erstaunliche Antwort: „Du hast mir mehr als eine Kopeke geben. Du hast mir ein Stück deines Herzens gegeben."

Freundschaft ist eine Sache des Herzens. Sie bringt Wärme in unsere Welt. Ich könnte mir mein Leben nicht denken ohne Freundinnen und Freunde.

Ich wünsche uns Freundschaften, die unser Leben bereichern.

Ihr Leben war nicht vergebens

Am 20 Juli 1944 hat Graf von Stauffenberg das Attentat auf Hitler gewagt. Er ist daran gescheitert und am selben Abend erschossen worden.
Seine Mitverschwörer wurden ebenfalls an diesem Abend oder in der folgenden Zeit umgebracht.

„Es lebe ein heiliges Deutschland“, rief Stauffenberg, bevor ihn die Gewehrsalven trafen. Er und die, die sich mit ihm verbündet hatten, wollten ein Zeichen setzen und sagen: Nicht alle Deutschen sind dem größenwahnsinnigen Diktator gefolgt, der Deutschland in den Untergang riss und in 12 Jahren maßloses Leid über die ganze Welt brachte.

Wie viele sind der Faszination Hitlers erlegen! Wie viele haben sich blenden lassen! Auch Stauffenberg war zuerst von Hitler fasziniert, bis er von den furchtbaren Gräueltaten der SS im Osten gehört hat. Sie brachten die Wende in seinem Leben.

Auch junge Menschen wie die Geschwister Scholl hatten schon ihr Leben lassen müssen, nur weil sie Flugblätter gegen Hitler verteilt hatten.

Ich bin heute froh, dass mein Vater sich damals geweigert hat, bei den Nazis mitzumachen. Das Beispiel des Rottenburger Bischofs Sproll hat ihn in seiner Haltung bestärkt. Sproll war aus seiner Diözese vertrieben worden, weil er Hitler die Zustimmung verweigert hatte. Hätte meine Mutter nicht heimlich aus Angst meine älteren Geschwister ein paar Mal zur Hitlerjugend geschickt, wäre mein Vater von der Gestapo abgeholt worden, so versicherte eine Informantin meiner Mutter.

Ich denke heute dankbar an die, die ihr Leben gaben für ein anderes Deutschland. Sie haben den Weg bereitet für eine spätere Aussöhnung mit unseren Nachbarn. Sie haben auch uns geholfen, dass wir nicht vor Scham in den Boden versinken mussten im Blick auf das, was die NS-Politik angerichtet hatte. Wenigstens ein paar haben der Gewalt getrotzt und so ein Zeichen der Hoffnung für die nachkommende Generation gesetzt.

Dass die Widerständler zunächst im Zweifel waren, ob sie als Christen Gewalt anwenden dürften, ist verständlich. Auch der

Theologe Dietrich Bonhoeffer brauchte Zeit, um zu erkennen, dass es ein Gebot der Liebe ist, Gewalt gegen Hitler anzuwenden, um so größeres Unrecht zu verhindern.
Freilich: Rechtfertigen lässt sich Gewalt dennoch nicht. Schuldig wird man an ihr immer. Aber tatenlos Unrecht zu decken ist viel schlimmer. Jedenfalls denke ich heute dankbar und mit Respekt an die, die damals Widerstand geleistet haben.

Ein guter Rat

„Loben zieht nach oben!" Diese Weisheit überzeugt mich. Wem tut es nicht gut, wenn er gelobt wird! Kritik ist oft viel näher. Immer findet man etwas auszusetzen am Andern, und sicher gibt es oft Grund dafür.

Aber nicht nur Kinder warten darauf, dass sie gelobt werden. Auch uns Erwachsenen tut es gut. Ein Lob ermutigt und spornt zu neuen Taten an.
Gewiss ist Kritik nötig und hilfreich. Aber es kommt auf das Wie an. Ich kann mit meiner Kritik den Andern in die Pfanne hauen und ihn fertig machen. Ich kann meine Kritik aber auch so sagen, dass der Andere ermutigt wird, es nochmals zu probieren, ja, es besser zu machen.
Wer sich zuerst gelobt fühlt, der kann dann auch Kritisches besser ertragen. Er nimmt es als Impuls für ein neues Handeln. Er fühlt sich nicht gelähmt, er schaut nach vorne.

„Loben zieht nach oben!" Mit diesem Motto bewahre ich den Andern davor, den Kopf in den Sand zu stecken, wenn er einen Misserfolg hat. Dieses Wort bewahrt mich davor, alles nur negativ zu sehen; es ermutigt mich, das Positive zu entdecken.

Wenn ich den Andern lobe, brauche ich nicht zu heucheln. Ich mache ihm nicht etwas vor, was gar nicht stimmt. Ich erinnere ihn vielmehr an seine guten Seiten, an das Positive in seinem Leben. Dies hilft ihm, sich zu freuen und am Negativen nicht zu verzweifeln. Dann braucht er den Kopf nicht hängen zu lassen, wenn ihm etwas misslingt. Dann kann er dazu stehen und es besser verkraften.

Ein Lob ist wie ein Sonnenstrahl, der durch die dunklen Wolken bricht. Er vermittelt dem andern Menschen Wertschätzung. Als Kinder haben wir es oft für selbstverständlich genommen, dass unsere Mutter ein gutes Süppchen zubereitet hatte. Wir haben nur gemeckert, wenn es uns nicht geschmeckt hat. Später haben wir begriffen, wie sehr es auch unserer Mutter gut tat, wenn wir sie lobten.

„Loben zieht nach oben!" Es hat schon Sinn, mehr Lob zu verteilen, vor allem, wenn es gilt, einen bedrückten Menschen aufzurichten. Ich werde dann auch meines eigenen Lebens froher.

Eine starke Frau

Sie war die erste Zeugin des auferstandenen Jesus. Nicht Petrus oder ein anderer Jünger erhielten diesen Vorzug. Nein, eine Frau: Maria Magdalena. Am 22. Juli ist ihr Gedenktag. Papst Franziskus hat daraus einen Festtag gemacht.

Maria aus Magdala hat Schweres in ihrem Leben durchgemacht, eine tief greifende Störung ihrer Persönlichkeit. Jesus hat sie von der Last der Vergangenheit befreit und ihr neue Lebensaussicht geschenkt.
Verständlich, dass sie dann über seinen Tod sehr betroffen war. Aber sie lief nicht davon wie andere Jünger. Sie blieb standhaft bei der Kreuzigung Jesu, und sie war auch bei seinem Begräbnis zugegen.

Dann erzählt das Johannesevangelium jenes merkwürdige Ereignis, als Jesus ihr nach seinem Tod erscheint, sie aber meint, es sei der Gärtner. Erst als er sie mit ihrem Namen ruft, erkennt sie ihn, will ihn umarmen und festhalten, muss sich aber sagen lassen: "Halte mich nicht fest!"

Wahre Liebe hält nicht fest, sondern lässt los. Maria soll zu den anderen Jüngern gehen und ihnen sagen, dass der Gekreuzigte in neuer Weise lebt. Das tut sie dann und wird so die erste Apostolin.

Leider hat ihr die Tradition übel mitgespielt. Sie wurde mit der stadtbekannten Sünderin identifiziert, die sich bei einem Gastmahl von hinten an Jesus heranschleicht und ihm die Füße salbt.
Immer wieder haben bedeutende Maler Maria Magdalena als die große Sünderin dargestellt bis hin zu Dan Browns Vermutungen in „Sakrileg" oder „Da-Vinci-Code". Aber das ist sie nicht, die angebliche Sünderin. Sie ist die, die Jesus von einer schweren psychischen Störung geheilt und dann beauftragt hat, seine befreiende Botschaft weiter zu sagen.

Sie ist eine starke Frau. Warum? Sie ist nicht mit den andern davon gelaufen, als Jesus gekreuzigt wurde. Die Männer haben sich in ihrer Verzweiflung aus dem Staub gemacht, die Frauen hielten Stand und blieben da. So darf Maria aus Magdala auch als Erste dem auferstandenen Jesus begegnen und die Botschaft weiter sagen, dass er lebt.
Maria Magdalena hat im Zentrum von Paris eine bedeutende Kirche, ebenfalls auf dem burgundischen Hügel von Vézelay. In Rom ist ihr unweit vom Pantheon eine schöne Barockkirche geweiht. Hier und wo immer man heute an sie denkt, ermutigt sie uns, angesichts des Todes nicht mutlos zu werden, sondern dem Leben zu trauen.

FSC
www.fsc.org
MIX
Papier | Fördert
gute Waldnutzung
FSC® C083411

Druck:
CPI Druckdienstleistungen GmbH
im Auftrag der
Zeitfracht GmbH
Ein Unternehmen der Zeitfracht - Gruppe
Ferdinand-Jühlke-Str. 7
99095 Erfurt